DU SOLLST KEINE ANDEREN
WIRTEN HABEN NEBEN MIR

Achim Schneyder

Lokalaugenschein

Prominente und ihre Lieblingswirte

Mit Fotos von
Rudolf Semotan

Pichler Verlag

ISBN 978-3-85431-516-2

Wien · Graz · Klagenfurt
www.ichlese.at

Buchgestaltung: Bruno Wegscheider
Lektorat: Marion Mauthe
Coverfoto vorne und Seite 2: Beim „Pfarrwirt"

Reproduktion: Pixelstorm, Wien
Druck und Bindung: Druckerei Theiss, St. Stefan

Inhalt

Feldhase ohne Fell: 1 Stück € 6,–
Verkauf beim Jagdhof Fleischhacker Ob. Hauptstr. 31 (Hintaus)
Für die Zubereitung liegen Wildrezepte auf!
Um Vorbestellung ersucht: Hans Hareter: Tel:0664/3619179

Ein Gruß aus der (Buchstabensuppen-) Küche

Das Stammbeisl, seinen Wirt ums Eck, das bevorzugte Gasthaus irgendwo in der Stadt oder nicht weit vor deren Toren – lukullische Fixpunkte dieser Art fernab der Luxusrestaurants hat wohl so ziemlich jeder.
Ich habe über 30 Prominente verschiedenster Professionen, darunter auch einige prominente Paare, gebeten, mir die ihren zu zeigen. In Wien und Wien-Umgebung. Und darum, mir während eines gemeinsamen Essens und Trinkens ein bisserl etwas zu erzählen über ihren jeweiligen Zugang zu Speis und Trank, zu Küche, Kochen und Genuss, über ihre kulinarische Geschichte, über Erlebtes.
An dieser Stelle ein herzliches Dankeschön an alle, die mitgemacht haben. Dank auch an die Wirtsleut', die einerseits zum Teil sehr großzügig waren und andererseits stets Nachsicht walten ließen, wenn mein Fotograf und Freund Rudi Semotan einem Kellner wieder einmal im Weg stand ...
Entstanden sind 28 Doppelporträts – Porträts von Gast und Wirt, Porträts in Wort und Bild. Ich erzähle Geschichten, die man im Idealfall noch nicht kennt. Oder wussten Sie, dass der zwischenzeitliche Vegetarier und begeisterte Mayonnaisetubenauszuzler Andreas Vitasek zu Beginn seiner Zeit an der Theaterschule in Paris ausschließlich in makrobiotische Restaurants ging, ehe er gegen Ende doch wieder vorwiegend Pfeffersteak aß? Dass Alfred Gusenbauer Zweigelt in erster Linie aus politischen Gründen nicht mag oder dass der Pianist Rudolf Buchbinder seine Karriere am Herd gleich nach dem ersten Versuch wieder sein ließ, nachdem er Eiklar und Eigelb verwechselt hatte?
Auf der anderen Seite steht das Wirtshaus als solches. Mit seiner Vergangenheit, seiner Gegenwart, seinen Betreibern, seinen Speisekarten und Weinkellern.
Einige Wirtshäuser fehlen. Wirtshäuser, die ich ebenfalls gern in diesem Buch verewigt hätte. Leider hat sie keiner meiner „Lokalführer" vorgeschlagen. Aber all den „Herkners", „Ubls", „Goldenen Glocken" und wie sie alle heißen sei an dieser Stelle gesagt: Ihr fehlt nicht aus bösem Willen. Und vielleicht kommen wir ja im Zuge eines anderen Projekts dereinst einmal zusammen. Nicht nur auf „privater" Basis.

In diesem Sinn: Prost & Mahlzeit!
Achim Schneyder

P.S. *Und wenn es mir mit diesem Buch gelingt, Sie einerseits ein bisschen zu unterhalten und andererseits Ihren Appetit anzuregen, dann freut mich das besonders.*

Paris liegt nicht nur an der Seine

Mit Kabarettistin **Andrea Händler** im **„Blauensteiner“**

Draußen regnet es und ich bin überpünktlich. „Einen G'spritzten, bitte“, sage ich, lehne mich an die dunkelgrün lackierte Schank, lasse den Blick schweifen und freue mich. Noch sind kaum Gäste da, der hohe Raum ist groß und zweigeteilt, rundherum viel Holz, neben der Tür zum Klo ein alter Münzfernsprecher in einer Kabine und oberhalb der Schank zwei riesengroße Holztafeln aus längst vergangenen Zeiten mit Hinweisen auf Poysdorfer Wein und Lagerbier. „Herrlich“, notiere ich im Geiste, „so ein richtiges Wirtshaus. Danke Andrea, dass du uns hierher bestellt hast.“ Und als mir der Kellner den G'spritzten hinstellt, zaubert's mir ein Lächeln ins Gesicht. Nein, nicht weil der G'spritzte – er ist bis zum Rand hin eingeschenkt, deshalb – nun in seiner eigenen Lacke steht, das Glas, das vor mir steht, hat es mir angetan. Das hat zwar einen Henkel, ist aber nicht das gemeinhin bekannte, das sie einem für gewöhnlich hinstellen, wenn man bei einem Wirt an der Schank steht und einen G'spritzten bestellt. Dieses hier ist deutlich niedriger, dafür ungemein bauchig. Beinahe wie ein Fass von der Form her, und schon wieder notiere ich ein Herrlich. Ein Glasl, das es eigentlich gar nicht mehr gibt. Das hat was.

Zehn Minuten vergehen, da kommt mein Freund und Fotograf Rudi zur Tür herein. „Hallo Dichter, ist die Händler noch nicht da?“
„Grüße dich mein Künstler, siehst sie irgendwo?“
„Nein“, sagt er. „Herr Ober, bitte ein weißes Achtel.“
Wenig später steht ein bis zum Rand hin eingeschenkter, nebstbei bemerkt erstklassiger weißer Schankwein in seiner eigenen Lacke und Rudi lächelt. „Herrlich“, sagt er, „schau dir das Glasl an. Wie ein Zinnbecher, schmal und hoch, nur eben nicht aus Zinn, sondern aus Glas. Solche Glasln gibt's eigentlich gar nicht mehr.“
„Wem erzählt du das?“, sage ich grinsend und hebe mein kleines, gläsernes Fass (mit Henkel) zum Prost.

Spritzer- und Achtelgläser, die es eigentlich gar nicht mehr gibt. Beim Blauensteiner aber gibt es sie …

Wir stehen an der Schank der *Gastwirtschaft zur Stadt Paris* in der Lenaugasse 1, Ecke Josefstädter Straße im Achten, bekannt auch als *Blauensteiner*. Und dass es sich bei den beiden Karten spielenden Herren am zweiten Tisch rechts um eben diesen Blauensteiner, Franz mit Vornamen, und den nunmehrigen Pächter und Koch Erich Lentsch handelt, erfahren wir kurz darauf, als die Kabarettistin Andrea Händler erscheint und die beiden sehr herzlich begrüßt.
Und dann sitzen wir bei Tisch. Die Händler bestellt ein Rahmherz, ein sehr gutes, wie sich beim späteren Kosten herausstellen wird, ich bestelle ein Gulasch, für das (beinahe) Ähnliches gilt. Rudi bestellt nichts, der schwirrt herum und fotografiert. Außerdem gibt er vor, wieder einmal auf Diät zu sein. Selber schuld.
„Reden wir zuerst über dich und deine Liebe zum Essen oder reden wir zuerst über das Lokal?", frage ich.
„Übers Lokal redest am besten mit dem Charly oder dem Michi, so heißen die Kellner, oder mit dem Blauensteiner persönlich. Ich weiß über das Lokal nur,

Die Händler wählt das Rahmherz. Für das ist Erich Lentsch, Pächter und Koch und „Neugründer" des Blauensteiner, inzwischen stadtbekannt.

Rahmherz mit Knödel, und schon ist die Händler ganz glücklich ...

dass ich gern hier bin. Und dass es das Stammlokal vom Heimito von Doderer war."
„Warum?"
„Warum es das Stammbeisl vom Doderer war?"
„Nein, warum du hier so gern bist."
„Weil's so ein richtiger Wirt ist."
„Was ja schon einiges über dich und deine Vorlieben aussagt", sage ich.
Die Händler lacht. „Allerdings!" Und dann plaudert sie. So wie die Händler eben plaudert, einfach drauflos, das Herz auf der Zunge und nicht nur auf dem Teller.
Eine „Gatscherin" wäre sie, eine, die Saft und Saucen regelrecht brauchen würde. Fürs Wohlbefinden und um Erdäpfel oder Knödel „eben so richtig reingatschen" zu können. „So bin ich erzogen. Deftig. Nicht mit Fisch und Salat, sondern mit Fleisch und Saft und Erdäpfeln und einbrennten Fisolen in Dillsauce. Nicht unbedingt gesund im Prinzip, aber was soll's ... Magst das Rahmherz kosten?"
„Gern", und ich nehme mir eine Gabel voll.
„Und eines sag ich dir", sagt die Händler, „es ist ein Kampf. Das mit der Linie. Weil am liebsten würde ich in einer Zeit leben, in der es so richtig in ist, wenn man rund ist und viel Frau. Dann würde ich wahrscheinlich nur noch essen. Hingebungsvoll und mit gutem Gewissen. Wenn mir dann keiner zuhört, würde ich so richtig lustvoll schmatzen.
So aber leide ich, wenn ich gerade nicht esse, und ganz besonders leide ich, wenn ich gerade nicht essen *darf*. Wegen der Figur, weil ich für irgendeinen Dreh oder Auftritte oder was auch immer halbwegs schlank sein muss. Furchtbar. Das Rahmherz is a Wahnsinn!"
Inzwischen hat auch Rudi einen kleinen Diätfehler beschlossen und setzt sich zu uns. „Ich hab mir grad ein Paprikahendl bestellt und ein bisserl mit dem Kellner Charly geplaudert."
„Und?", frage ich.
„Hat eine nicht uninteressante Geschichte, dieses Wirtshaus."
„Erzähl", sagt die Händler.
Und Rudi erzählt. „Dieses Wirtshaus gibt es, seit das Haus steht, seit dem späten 19. Jahrhundert. Damals war es ein Wirtshaus mit angeschlossener Fleischerei. In den 1950ern hat es dann Franz Blauensteiner gekauft, der Vater vom jetzigen, und ihm beide Namen gegeben. *Blauensteiner* zum einen, *Gast-*

wirtschaft zur Stadt Paris zum anderen."
„Und warum Paris? Fließt da draußen irgendwo die Seine vorbei?", frage ich.
„Weil der alte Blauensteiner während des Krieges in Frankreich war und er dann quasi einen internationalen Kontrapunkt setzen wollte zu Wiener Wirtshäusern mit Namen wie beispielsweise *Zur Stadt Krems* im Siebenten. In den 1970ern hat es dann der Sohn übernommen und 2002 zugesperrt."
„Und warum das?"
„Weil er einfach nicht mehr wollte. Gut,

Mit Andrea Händler im „Blauensteiner“

Franz Blauensteiner, Besitzer und Schankbursch

URLAUB
im sonnigen Kamptal!
Hotel-Pension
BLAUENSTEINER
Gars-Thunau
FERNRUF: GARS 86

ganz zugesperrt hat er in Wahrheit nicht, weil er über die Jahre immer wieder mit Freunden und Bekannten beim Hintereingang reingekommen ist, wohlgemerkt ins eigene Lokal, und dann wurde Karten gespielt und das eine oder andere Achtel gab es sicherlich auch. Irgendwann wollte dann eine Bank den ganzen Laden kaufen und eine Filiale draus machen, aber er hat's nicht hergegeben.“

Schließlich hat er's dann doch hergegeben. Überredet im Jahr 2008 von Erich Lentsch, der vor Urzeiten sieben Jahre im Haubentempel „Steirereck“ gekocht hat, vom Baumeister Erich Langsteiner und vom Wiener Maler Gerhard Gutruf. Die Bedingung an das Trio war, alles so zu lassen, wie es immer schon war. Und das ist wahrlich gelungen, wovon man sich seit Juli 2009 wieder überzeugen kann. Und im Halbstock gibt's ein eigenes Stüberl, benannt nach Heimito von Doderer, das früher auch Bude war, sprich Treffpunkt schlagender Burschenschaftler, und wo heute Fotos und gerahmte Originalmanuskripte des Dichters an den Wänden hängen und wo man kleine Feste feiern kann.

Inzwischen ist der Laden beinahe gerammelt voll. Munteres Stimmengewirr, es stinkt nicht nach Küche, sondern riecht herrlich nach Essen, vermutlich auch im Nichtraucher-„Nebenraum“, denn die Trennwand ist keine drei Meter hoch, der Raum hingegen sicher gut sieben, der Parkettboden knarzt, Gläser klirren, Lentsch spielt längst nicht mehr Karten, sondern kocht, und Blauensteiner hilft hinter der Schank, um Hüfte und Beine die lange, grüne Schürze.

„Eiernockerl und g'röstete Knödel“, sagt die Händler plötzlich und unvermittelt zwischen zwei Bissen, „mag ich gar nicht. Ich mag zwar Eier und mag Nockerl und mag Knödel, aber nicht zusammengemantscht. Grausig. Aber im Prinzip bin ich eine ganz große Kosterin. Nein sage ich erst, wenn ich's im Mund hab und es mir dann nicht schmeckt. Ich habe auch schon Würmer und Käfer und so Sachen gegessen – auf Reisen. Wenn sie gut gewürzt und knusprig sind? Gar nicht so schlecht!“

„Kochst auch?“, frage ich sie.

„Ja. Gern und angeblich gut. Früher die Sachen, die ich zu Hause bei Muttern bekommen hab, weil ich ja nicht dauernd zu den Eltern nach Mödling zum Essen fahren wollte, und seit 2002, seit der Herr Lebensabschnittspartner und ich eine größere Wohnung mit großem Tisch haben, koch ich auch für Gäste. Da wird dann der Tisch dekoriert und angerichtet, dass es nur so rauscht.“

Dekoriert wird im *Blauensteiner* nichts. Und das ist gut so. Wer braucht schon ein Tischtuch, wenn man auf Reisen ist. Auf Reisen in die Vergangenheit. In die Wirtshaus-Vergangenheit, die dank solcher Lokale glücklicherweise immer noch Gegenwart hat. Und Zukunft.

Tausend Rosen, weiße Pferde, späte Schnitzel und der Ruf nach Heimat

Mit Ex-Kanzler **Alfred Gusenbauer** und dem Schauspieler **Harald Krassnitzer** beim **„Grünauer“**

Vater und Sohn Grünauer und Harald Krassnitzer

Es ist zwei, vielleicht drei Schluck vor Mitternacht, da fasst Alfred Gusenbauer einen Beschluss. „Jetzt“, postuliert er, „essen wir ein Schnitzel. Sofern die Martha so gnädig ist und uns noch eines macht.“
Die Martha ist so gnädig, und kurz nach Mitternacht steht vor uns in der Mitte des Tisches ein großer Teller mit bereits mundgerecht vorgeschnittenen Happen. Und eine Schüssel Erdäpfelsalat. „Das nenn' ich Lebensqualität“, sagt Gusenbauer und träufelt die halbe Zitrone über das späte panierte Glück. „Mahlzeit die Herren.“
„Mahlzeit.“
„Mahlzeit.“
„Mahlzeit.“
Nicht, dass einer von uns noch Hunger hätte nach geräuchertem Saibling, Hirschbratwurst mit Linsen, Frühlingsrollen gefüllt mit Blunzn und Chili, die Harald Krassnitzer „ein proletarisches Gericht mit asiatischen Zügen“ nennt, gebratener Kalbsstelze mit Risipisi, gebackener Leber und Braten vom Schwein. Aber was soll's. Und nicht zu vergessen übrigens die kleine Jause irgendwann so gegen halb elf, bestehend aus Hirschwurst, Rehwurst, lauwarmem Bauchfleisch, Speck und einer zwei Jahre lang luftgetrockneten und dementsprechend „runzeligen“, aber grandiosen Blunzn.

Um sieben sind wir verabredet.
Rudi und ich sind sehr überpünktlich, Krassnitzer ist ein bisserl überpünktlich, sein enger Freund Gusenbauer („Wir sind nicht nur Gesinnungsgenossen, wir sind Brüder im Herzen“) nur 20 Minuten drüber, sprich quasi pünktlich. Für seine Verhältnisse jedenfalls.
„Ich kann euch jetzt schon sagen, was der Gusi essen wird“, orakelt Martin Grünauer, ein ungemein profunder Weinkenner übrigens und gemeinsam mit seinem Sohn Christian zuständig fürs Servieren und den Wein, während seine Frau Martha und seine Schwester Brigitta, die Besitzerin des Lokals, in der Küche stehen und schlicht und einfach begnadet sind.
„Und was wird er essen?“
„Blunznfrühlingsrolle und dann den Schweinsbraten.“
Um halb acht sitzen wir bei Tisch und bestellen. „Und du, Alfred?“
„Blunznfrühlingsrolle und dann den Schweinsbraten.“
Und dann sprechen wir kurz ein im Dezember des Jahres 2009 sehr heikles Thema an. Gibt's den *Grünauer* 2010

immer noch oder wird es ihn nicht mehr geben? Oder weiterhin aber in anderer Form? Martha und Martin sowie Brigitta, die das Wirtshaus 1985 von den Eltern übernommen hat, sind nämlich seit einiger Zeit „amtsmüde". „Noch haben wir keinen Käufer gefunden", sagt Martin. Und wir atmen auf. Sollte sich das bis zum Erscheinen dieses Buches geändert haben, dann, geschätzter Leser, betrachten Sie dieses Kapitel bitte als „Nachruf".

Alfred hat für diesen Abend drei verschiedene französische Rote mitgebracht und Martin öffnet gerade einen österreichischen Weißen. „Das mach ich ab und zu", erzählt Alfred. „Der Martin sorgt für österreichische Weißweine, die ich im Idealfall noch nicht kenne, dafür bringe ich rote Franzosen mit, die er nicht kennt."
Und schon sind wir mitten in einem der vielen Themen, die uns bis in die sehr späte Nacht begleiten werden, beim Thema Wein.
Krassnitzer, wie Gusenbauer Jahrgang 1960, Tatort-Kommissar, Bergdoktor und nicht zuletzt auch TV-Winzerkönig, erzählt von einem Schlüsselerlebnis in den späten 1970ern. „Damals hat's bei uns in Salzburg kaum Lokale gegeben, in denen anständiger österreichischer Wein ausgeschenkt wurde. Bis auf eine kleine Bar in der Steingasse. Dort hab' ich dann zum ersten Mal einen Urgesteinsriesling vom Nigl getrunken und es war um mich geschehen. Ein paar Tage später schließlich einen Roten vom Paul Kerschbaum, was ja auch nicht schlecht ist als Einstiegsdroge, und von da an habe ich begonnen, mich mit Weinen aus Österreich auseinanderzusetzen. *Learning by drinking* könnte man sagen."
In Wuppertal, wo Krassnitzer inzwischen lebt, lagern im Keller stets bis zu 800 Flaschen, an die 90 Prozent davon Österreicher. „So leiste ich Entwicklungshilfe für nordrheinwestfälische Ahnungslose, eines meiner ganz großen Lebenswerke."
Gusenbauer, ein Ybbser, erinnert sich an die Weißweine aus der Wachau, die in Doppelliterflaschen im elterlichen Keller gelagert waren und an ein paar

Der Gast in der Küche: Krassnitzer und das kongeniale Grünauer-Duo Brigitta und Martha

Und irgendwann kommt Blumenverkäufer Ali (Bild drei), und dann wird heftig politisiert …

Bouteillen für diverse Feiertage. „Beim Roten war es dann später so, dass ich eigentlich mit den ausländischen begonnen habe und erst irgendwann zum Österreicher, also zum Burgenländer, gekommen bin."
„Wobei die Steirer", wie ich mir einzuwerfen erlaube, „auch wunderschöne Rote machen."
„Ich hab erst einen wirklich sehr guten roten Steirer getrunken, den 97er-Blauburgunder vom Tement."
„Und was sagst zum Pinot Noir vom Neumeister?", fragt Krassnitzer.
„Den kenn ich kaum", meint Gusenbauer.
Zweigelt, sprich die Kreuzung aus St. Laurent und Blaufränkisch, mag er übrigens nicht, der Ex-Kanzler. „Da hab ich", sagt er, „politische Vorbehalte. Denn sein Erfinder und Namensgeber, der ehemalige Direktor der Weinbauschule in Klosterneuburg, war ein hochkarätiger Nazi."

Die Vorspeisenteller sind abserviert, der nächste Weiße ist aufgemacht, da betritt Ali das Lokal. Ali ist Ägypter und Rosen-

Der französische Rote, quasi persönlicher „Begleiter" von Gusenbauer

verkäufer, und jedes Mal, wenn er beim *Grünauer* auf den Alfred trifft, wird ein bisserl politisiert. Häufig also und zehn Minuten mindestens. Eines Tages hat sich Gusenbauer im Zuge des Gesprächs der Formulierung *tausend Rosen* bedient. Und das hatte Folgen.
„Kannst du morgen haben", sagte Ali.
„Du weißt offenbar nicht, was *tausend Rosen* bei uns bedeutet. Das heißt so viel wie ‚des is ma wuascht'..."
„Das ist mir wurscht", sagte Ali, „bei mir und bei uns in Ägypten heißt *tausend Rosen* tausend Rosen. Also hast du gerade tausend Rosen bei mir bestellt."
Ein Wort gab das andere, kein böses freilich, und Krassnitzer, damals ebenfalls mit von der fröhlichen Partie, meinte schließlich „Okay, im Sinne der Aufrechterhaltung der Völkerverbindung und im Sinne einer weiteren Integrationsmaßnahme kaufe ich die tausend Rosen. Voraussetzung, dass du sie als proletarischer Vertreter Ägyptens persönlich im Kanzleramt vorbeibringst".
Und so geschah es dann auch. Ali kam, in Gusenbauers Sekretariat standen unzählige Kübel mit exakt tausend Rosen, und Gusenbauer, der an diesem Tag überdies Geburtstag hatte, und seine Kabinettsmitglieder schnappten sich die Blumen, marschierten durchs Kanzleramt und beschenkten alle anwesenden Damen reichlich.

„Im Wirtshaus zu politisieren, das nenne ich österreichische Kommunikationskultur. Hier werden die Fragen der Menschheit rauf und runter diskutiert, hier wird täglich die Welt verbessert, auch wenn das nur selten gelingt", sagt Gusenbauer. „Und beim *Grünauer* tue ich das deswegen so gern, weil man hier fantastisch isst und das zu durchaus moderaten Preisen." Seine erste Regierungsklausur als Kanzler endete daher auch nicht wie normalerweise üblich bei einem Heurigen, sondern mit allen Ministern der rot-schwarzen Bundesregierung bei den Grünauers.

Inzwischen sind nicht nur die Hauptspeisen gegessen, auch die Jause für den kleinen Hunger zwischendurch und den zweiten Franzosen haben wir bereits rückstandslos beseitigt.
„Ich muss euch kurz verlassen und ein bisserl über Fußball reden", sagt Gusenbauer, denn im Nebenraum, mit sieben Tischen nur unwesentlich größer als der Schankraum mit vier, hat er einen Spieler seines Lieblingsklubs Rapid entdeckt.
„Dann werde ich jetzt über den Martin und das Lokal schwärmen", sagt Krassnitzer, „denn in deinem Buch soll es ja, wenn ich dich richtig verstanden habe, nicht nur um die Gäste gehen, sondern auch um die Wirte."
„Korrekt", sage ich.
„Am Martin fasziniert mich, dass er zu nahezu jedem Gast sofort einen Draht hat und mit allen auf die gleiche Art und Weise kommuniziert. Ob Hackler oder Bankdirektor, ob Tourist oder Politiker. Bei ihm muss sich keiner die Gunst des Wirtes eressen, weil er alles andere ist als der klassische Patron, der hinter der Budl steht und sagt: ‚Das Gesetz bin ich'. Und der mutierte Wiener Kaffeehauskellner, der sich *zuweschleimt* zu seinen Gästen, ist er schon gar nicht.
Und das Lokal als solches hat eine

ähnlich mythologische Qualität wie es das *Café Hawelka* hatte, als wirklich noch die Literaten drinnen saßen und es noch nicht zu Folklore verkommen war."
Und weiter geht's in dieser Tonart.
Zehn Minuten später hat Gusenbauer – frei nach Giovanni Trapattoni – fertig mit Fußball-Fachsimpeln und Flasche leer ist ebenfalls. Eine Sensation war der *Cheval Blanc* zum Schluss, ein Bordeaux und übersetzt das weiße Pferd. Und dann fasst Gusenbauer den eingangs erwähnten Entschluss, und zu dem trinken wir schließlich wieder einen Weißen.

Irgendwann gegen halb drei ruft Gusenbauer plötzlich „Heimat". Und Martin weiß, was gemeint ist. Denn wenn nicht Gusi „Heimat" ruft, dann ruft es Martin irgendwann.
„Heimat" bedeutet, dass der Abend gelaufen ist und Martin mit dem Schnaps kommt. Und „Heimat" heißt es nicht deshalb, weil es jetzt zwingend ab nach Hause gehen muss, „Heimat" heißt es deswegen, weil der Schnaps vom Hans Krenn ist, und der brennt in einem kleinen Ort namens *Am Peilstein* – unweit von Gusis Heimatgemeinde Ybbs.
Drei ist es, als mein Taxi vorfährt. Gusenbauer und Krassnitzer gehen zu Fuß, denn sie haben es nicht weit. Fünf Minuten der eine, sieben der andere.
„Wir überwachen uns gegenseitig, ehe ich dann zwei Minuten ganz auf mich allein gestellt bin", erzählt Krassnitzer. Und Rudi beschließt, da Martin irrtümlich nur ein Taxi bestellt hat, die beiden zu begleiten. „Ich halte unterwegs eines auf."

Am nächsten Tag zu Mittag läutet mein Handy. Dran ist Rudi.
„Hast gleich ein Taxi bekommen?", frage ich.
„Im Gegenteil. Wir sind beim Gusi noch eine halbe Stunde vor der Haustür gestanden und haben politisiert, dann hab ich mir eines gerufen. Andere Frage: Was machst du heute?"
„Warum?"
„Weil ich zum *Grünauer* muss, ich hab ein Objektiv vergessen."
„Um sechs?"
„Perfekt."

Hummer unter der Hand

Mit Spitzenkoch **Heinz Hanner** bei Reinhard Gerer im **„Magdalenenhof“**

Ein Lieblingswirtshaus? So ein richtiges Wirtshaus? Naja, ich weiß nicht ... Weißt was, ich denk nach und ruf dich zurück. Obwohl, na, wart, zum Reinhard könnten wir fahren, zum Gerer. Genau! Das machen wir, wir fahren zum Gerer.“
Zwei Tage später fahren wir zum Gerer.

Aufs Land quasi, an den Stadtrand von Wien auf den Bisamberg. Der ist zwar nur bescheidene 359 Meter hoch, doch hoch genug für einen eigens als solchen ausgewiesenen *Berg*gasthof, den *Magdalenenhof.* Und den hat Gerer vorerst einmal bis 2019 gepachtet. Und zu neuem Leben erweckt. Das Wirtshaus stand bis vor kurzem direkt neben dem mächtigen Sender, der aber vor ein paar Wochen abgetragen wurde. Das Wirtshaus steht immer noch an seinem Platz und das seit gut 30 Jahren. Seine Betreiber haben immer wieder gewechselt und zwischendurch war es auch immer wieder geschlossen. Und war es offen, so war es, heißt es, nie gut. Jetzt ist es, Schwärmerei muss in einem Buch wie diesem gestattet sein, geradezu famos.

Die Begrüßung ist herzlich. Spitzenkoch in Arbeitskluft umarmt Spitzenkoch in zivil. Befreundete Kollegen seit 1984, die seinerzeit im Doppelpack regelrecht gefürchtet waren in und an so mancher

Virtuosen am Herd unter sich: Hanner und Gerer in Gerers „Berggasthof" der etwas anderen Art ...

Gerers Lebensgefährtin Nathalie ist für die Innenausstattung des Lokals verantwortlich. Und das ist gut so …

Bar in der Innenstadt zu Wien. Erzählt zumindest die Mär.
„Weiß oder Rot oder ein kleines Bier?“
„Weiß. Und Wasser.“
Ich schließe mich an, Rudi auch. Draußen nieselt es.
„Setzt euch. Ich komm später wieder, jetzt muss ich kochen. Ich lass euch inzwischen ein bisserl was bringen.“
Und dann zieht sich Gerer, einst Österreichs erster Vier-Haubenkoch, in sein Reich mit den Pfannen und Töpfen und Dämpfen und Düften zurück. Er wirkt fröhlich und gelöst, die schrittweise Herabstufung von vier auf nur noch eine Haube im *Korso*, dem Luxusrestaurant im Hotel *Bristol*, hat offensichtlich keine Spuren hinterlassen. Gerer wirkt, als sei er voller Tatendrang.
„Das muss herrlich sein für ihn“, sagt Heinz Hanner, Chef des mit drei Hauben und zwei Michelin-Sternen dekorierten Restaurants in Mayerling bei Wien, dem ehemaligen *Kronzprinz Rudolf*, das heute schlicht *Hanner* heißt. „24 Jahre hat der Gerer im *Korso* gekocht, in einer Küche ohne Fenster, jetzt kocht er quasi an der frischen Luft.“
Gut, ganz so ist es natürlich nicht, aber zumindest einen Blick auf seine Gäste kann er während des Arbeitens werfen, denn die Küche ist zur Schank und zum großen Gastraum hin offen. Apropos Blick: Der hinunter auf die Stadt von der Terrasse aus, auf der in der warmen Jahreszeit Olivenbäume und Oleandersträucher zwischen den massiven Holztischen mediterranes Flair verbreiten, soll ein beeindruckend schöner sein. Sagt zumindest der Gerer, und wir glauben es ihm dem dichten Oktobernebel um Trotz.

Regelrecht „passiert“ ist er ihm, der *Magdalenenhof*. Beim Spazierengehen mit seiner Lebensgefährtin Nathalie Jelesitz. Die Mutter zweier dem Kleinkindalter entwachsenen Kinder war des Zu-Hause-Seins, respektive des Nicht-Arbeitens ein bisserl überdrüssig, da entdeckte sie während eines gemeinsamen Wandertags die zu diesem Zeitpunkt wieder einmal geschlossene Lokalität. Und hatte die zündende Idee. „Das wär doch was, das sollten wir nehmen“, meinte sie im Vorbeigehen durch-

aus euphorisch, und schon am nächsten Tag machte sich Gerer schlau. Ein Anruf da, ein Anruf dort, und von da an ging’s rasant. Und heute ist Nathalie nicht mehr fad, vielmehr ist sie zuständig für das Service und verantwortlich für das wunderbare Interieur. „Obwohl wir“, wie sie fast entschuldigend sagt, „fast nichts neu machen konnten, weil die Zeit so knapp war. Wir haben hauptsächlich in einem ersten Schritt das Alte überpinselt, Bilder und neue Lampen aufgehängt und andere Tische und Stühle reingestellt. Das war’s.“ Der zweite Schritt ist für Februar 2010 geplant.

Dann kommt der erste Gang. Und Heinz Hanner schmilzt regelrecht dahin beim panierten Rehschnitzerl mit Rote-Rüben- und Erdäpfelsalat. „Das ist eine richtig ehrliche Küche, wunderbar, so mag ich das."
„Wie bist eigentlich du auf den Geschmack gekommen?", frage ich zwischen zwei hingebungsvollen Bissen.
„Ich war unglaublich heikel als Kind. Butter hab ich nicht wollen, Paradeiser nicht und Käse auch nicht. Was die Butter betrifft, hat sich bis heute nicht sehr viel verändert. Außer sie ist sehr gut und gesalzen." Und dann erzählt Hanner, Jahrgang 1962, von einer Jausenstation in Mayerling, die seine Eltern 1965 übernommen, 1970 gekauft und schließlich in ein so genanntes „Spezialitätenrestaurant" umgemodelt haben. „Da gab's Froschschenkel und Schnecken und Dinge dieser Art. Und ich hab von klein auf mitgeholfen, mithelfen dürfen und mithelfen müssen. Erst im Service, dann in der Küche. Hendl ausnehmen, Fisch filetieren, all diese Dinge. Und mit zwölf hab ich zu kochen begonnen, die Mama war die Lehrerin." Und Mamas Kaiserschmarrn ist bis heute sein erklärtes Lieblingsessen.
Eigentlich wollte er ja Priester werden, aber das ist eine ganz andere Geschichte. So aber blieb er nur Ministrant, und das, bis er 18 war, und inzwischen glaubt er weniger an den lieben Gott als vielmehr an sich selbst. Was er aber dezidiert nie werden wollte, war Gastronom. „Blöderweise war ich aber ein schlechter Gymnasiast. Das haben meine Eltern ausgenützt und mich in die Tourismusfachschule gesteckt. Außerdem brauchten sie ja einen, der den Betrieb irgendwann übernimmt, denn meine älteren Schwestern waren, was das betrifft, quasi über alle Berge."
Mit 19 hat sie ihn schließlich doch gepackt, die Lust. Als er 20 war, kam das – freilich bis heute nicht erloschene – unbändige Interesse für Wein dazu, und 1990 hat er den Betrieb, in dem er seit 1986 als Koch tätig und binnen zwei Jahren mit zwei Hauben ausgezeichnet war, endgültig übernommen. 1996 kam die dritte dazu, die Sterne in den Jahren 1999 und 2007. „Essen und Trinken",

sagt Hanner, „ist eine schwierige Branche. Jeder glaubt, er würde sich auskennen, nur weil er's täglich tut. Und da ist es egal, ob er täglich nur Burger isst und Cola trinkt. Aber kulinarische Kompetenz muss sich über Jahre entwickeln."

Der zweite Gang. Hummer auf gratiniertem Apfelkren mit Kürbisschaum. „Zum Niederknien gut, vor allem in dieser schrägen Kombination, aber irgendwie nicht unbedingt so ganz Wirtshaus", sage ich, als Gerer zwischenzeitlich die Küche verlässt, um kurz nach dem Rechten zu sehen, Gäste zu begrüßen und uns zu fragen, ob es denn auch schmeckt.
„Stimmt", sagt er, „der Hummer steht auch nicht auf der Karte. Aber solche Dinge wird es immer wieder geben, weil ich sie erstens sehr gern koche und weil es zweitens Menschen gibt, die sie bei mir auch erwarten. Die bekommen Sachen wie Hummer dann quasi unter der Hand!"
Was er sein will, frage ich. „Ein guter Wirt. Nicht mehr, nicht weniger. Einer, der ins Kühlhaus geht, die halbe Sau

holt und den Braten macht. Und dann und wann einen Hummer."
Womit wir langsam auch schon beim dritten Gang wären, und jetzt sind wir wieder ganz im Wirtshaus. Braten vom Waldschwein, gigantische Grammelknödel, Blunzngröstl, Sauerkraut.
„Ich hab fast ein schlechtes Gewissen", sagt Hanner und lacht.
„Warum?"
„Weil das heute und hier nicht so ganz dem Metabolic-Programm entspricht, dem sich meine Frau und ich verschrieben haben."
Jetzt mischt sich Rudi ein. „Über g'sundes Essen reden wir nächste Woche, einverstanden?"
„Einverstanden."
Und bald kommt die süße Sünde, Topfennockerl, Waldbeerenragout, ein ganz leichter Schokoladekuchen. Das Lokal hat sich inzwischen wieder geleert, nachdem es zu Mittag trotz des miesen Wetters gedroschen voll war. Waren wohl kaum Wandersleut, „nur" Esser. Gerer ist entspannt und zufrieden und bringt eine Flasche Veltliner vom inzwischen äußerst soliden Weingut Cobenzl an den Tisch. „Draußen", sagt er und deutet durchs Fenster auf den Platz vor dem Lokal, „werde ich eine Grillstation errichten. Und ein Standl, an dem es Kleinigkeiten gibt, damit sich die Spaziergänger auch im Vorbeigehen ein bisserl laben können."
„Und?", frage ich, „bist ehrgeizig?"
„Wie meinst du das?"
„In Bezug auf eventuelle Hauben."
„Ich nehm's, wie's kommt. In erster Linie bin ich froh, dass ich den Gästen ein Wirtshaus bieten kann, in das ich selber gern gehen würd."

Hummer auf gratiniertem Apfelkren mit Kürbisschaum (ganz links) und viel später dann Topfennockerl mit Waldbeerenragout und Schokokuchen. Noch Fragen ...?

Draußen dämmert es inzwischen.
„Wie sind wir gebucht am Abend?“, fragt Gerer seine Freundin.
„Fast voll.“
„Dann muss ich jetzt wieder in die Küche. Aber bleibt ihr nur da, wenn ihr wollt.“
Das tun wir. Und das kleine, bescheidene Abendessen gut eine Stunde später wird an dieser Stelle jetzt einfach verschwiegen.

Wenn man sich
beim Essen
vom Essen erholt

Mit den Gault-Millau-Chefs **Martina** und **Karl Hohenlohe** im **„Gmoa Keller“**

Der Gmoa Keller – ein Wirtshaus, in dem der alte Holzboden noch so richtig knirscht. Hier herrscht so zusagen der gute Ton …

Als wir rausgehen aus dem *Gmoa Keller* und uns von den beiden bereits verabschiedet haben, murmelt Rudi einen sehr richtigen Satz: „Kamera und Ton hätte man mitlaufen lassen müssen!"
Wie wahr, denn wenn zwei Eheleut, beide äußerst sprachgewandt und von Haus aus höchst heitere Wesen, gemeinsam an einem Tisch sitzen, sich gern ins Wort fallen und nicht selten widersprechen, dann hat das mitunter einen ungeheuren Unterhaltungswert. Auch für die beiden selbst, wie es scheint, denn sie spielen ihre Rollen offensichtlich sehr gern.

„Mich ärgert's immer wieder, dass du die Nachspeise meist schon dann bestellst, wenn ich noch an der Hauptspeise sitz", sagt sie, und der Tonfall ist neutral. Noch.

„Das stimmt doch überhaupt nicht!", erwidert er und schlüpft für den Moment in die Rolle des aufgebrachten Gemahls. „Du weißt, dass es stimmt", pocht sie darauf, mimt aber nicht die Beleidigte, sondern vom Klang her die liebevolle Überlegene.
Das wiederum lässt er nicht auf sich sitzen, bemüht sich aber dennoch um Milde in der Stimme. „Du widersprichst dir, meine Liebe, denn immer wieder lobst du mich und heißt mich einen regelrechten Profi in Fragen der Nachspeisenbestellung, weil ich meinen geliebten Eismarillenknödel – wohlgemerkt stets ohne Schlag und immer den vom Tichy, darf ich das hier sagen? – immer schon *vor* der Hauptspeise bestelle, damit er nachher weich genug ist. Quasi auf dem Punkt. Das habe ich hier und heute allerdings vergessen und darum bestelle ich ihn jetzt."
„Ich habe dich deswegen schon mehrfach gelobt, das ja", entgegnet sie gnädig. „Aber du bestellst nicht immer Eismarillenknödel, weil überall gibt's die nicht."
Er, ein wenig kleinlaut: „Stimmt."

Sie sieht sich nunmehr im Vorteil und verleiht der Sache ein bisserl Nachdruck. „Und dann bestellst du die Nachspeise nicht *vor* der Hauptspeise, wofür ich im Fall des Eismarillenknödels wie erwähnt Verständnis habe, sondern während ich gerade versuche, meine Hauptspeise zu genießen. Immer. Das ist, mein lieber Mann, in Wahrheit nicht die ganz feine Art. Und heute ist es wieder so, weil du es *vor* der Hauptspeise vergessen hast."
„Vielleicht isst du zu langsam?" Sein Kontern ist halbherzig.
„Vielleicht bist du zu ungeduldig?"
Diesbezüglich widerspricht er nicht, aber: „Heute *muss* ich bestellen, während du noch isst, weil ich es vorher vergessen habe. Und auf dem Punkt wird er jetzt ohnehin nicht mehr sein. Ist das nicht Strafe genug?"
„Ich rede ja nicht von heute."
Ich strapaziere an dieser Stelle nun das berühmte „Was sich liebt, das neckt sich". Und wenn Sie diesen Satz jetzt eben gelesen haben, dann hat ihn die Lektorin nicht gestrichen.
Wie auch immer und allen Nachspeisenbestellungsritualen zum Trotz, sie essen einfach gern, Martina und Karl Hohenlohe, die Herausgeber des Gourmetführers *Gault Millau.* Wahnsinnig gern. Nicht nur von Berufs wegen. An diesem Freitag im Oktober essen die beiden mit Rudi und mir im *Gmoa Keller,* einer Wiener Wirtshaus-Institution im Dritten, die zwar kein Keller ist, aber unterhalb des Niveaus vom Heumarkt liegt. Souterrain sozusagen.

„Und warum ausgerechnet hier?", frage ich.
„Weil er quasi unsere *Gmoa*, unsere Gemeinde ist. Wir wohnen in der Nähe", erklärt Karl, in weiterer Folge Kari genannt, weil ihn alle so nennen.

Seit 1858 gibt es den *Gmoa Keller,* genau so lang, wie es das Haus gibt,

das damals von Baumeister Anton Oezelt im Zuge der Stadterweiterung errichtet wurde. Kronprinz Rudolf soll seiner mehr geheimen denn offiziellen Mary Vetsera hier unterm Tisch hin und wieder lustvoll aufs Knie gegriffen und dann und wann sogar ein Busserl gegeben haben, weshalb das Lokal später eine Zeit lang auf den Namen *Zum Kronprinzen* hörte. Als *Golser Gmoa Keller* wurde es 1940 bekannt, nachdem man mit dem Handel mit Golser Weinen begonnen hatte, und in den Nachkriegsjahren jazzten in den wunderbaren Räumlichkeiten Größen wie Fatty George oder Joe Zawinul. So wirklich berühmt wurde das Lokal schließlich ab den 1960ern durch seine Besitzerinnen Grete und Mitzi Nowak, deren geröstete Leber stadtbekannt war.

Stadtbekannt war auch das sehr gestrenge Regiment, das Grete draußen führte, während Mitzi, die nicht ganz so hantige, drinnen am Herd stand. Ex-Bundeskanzler Franz Vranitzky etwa wurde eines späteren Abends beinahe der Einlass verwehrt, weil er es gewagt hatte, mit seinen Leibwächtern aufzukreuzen. Autoritäten aber duldete sie nicht, die Grete, außer ihre eigene natürlich. Gnadenhalber durfte der Kanzler dann doch hinein ins rauchige Reich der Schwestern, aber zu essen bekam er nichts mehr. Grete war der Meinung, es wäre schon zu spät, die Schwester jetzt noch zu nötigen.
Und Schmusen war absolut verpönt. Viel schlimmer noch als Schmatzen oder Fluchen, wenngleich auch das selbstredend nicht geduldet werden konnte. Barbara Pluch, eine Freundin von mir und die Tochter der viel zu früh verstorbenen Schriftsteller Erika Molny und Thomas Pluch, wurde gar mit Lokalverbot auf ewige Zeiten belegt, nachdem sie es gewagt hatte, ihrem Freund Klaus zwischen zwei Gängen einen zärtlichen Kuss zu geben. „Da könnten wir gleich

Impressionen aus dem Gmoa Keller Teil I

Impressionen aus dem Gmoa Keller Teil II

Kari und der Eismarillenknödel, eine sehr innige Beziehung

ein Puff aufmachen", echauffierte sich die Chefin in Fällen wie diesen immer wieder.
Stellt sich die Frage, ob sie auch mit dem Kronprinzen und seiner Mary so umgesprungen wäre.
Seit April 2000 schupft nun Sebastian Laskowsky den Laden, und auch meine Freundin Barbara darf wieder auftauchen. Und diesem Herrn Laskowsky muss man insofern danken, als er das wunderbare alte Wirtshaus so belassen hat, wie es immer schon war. Lediglich hinter den Kulissen wurde notwendigerweise entrümpelt, vor allem in der Küche.

„Ein Wirtshaus wie dieses bedeutet Erholung für uns", sagt Kari und bestellt den Tafelspitz.

„Weil wir uns hier ausrasten", ergänzt Martina und wählt das Wiener Schnitzel mit Erdäpfelsalat. „Hier rasten wir uns bei einem Gang an der Basis der österreichischen Küche von all den Neun- oder Zehn-Gang-Menüs aus, die wir sonst immer wieder essen müssen."
„Und wie ist es, von Berufs wegen gleichsam unentwegt bei Tisch zu sitzen?"
„Wunderbar", sagt sie.
„Herrlich", sagt er.
„Wir oft geht ihr denn essen?"
„In der heißen Phase der Gault-Millau-Produktion im Frühsommer und Sommer drei- bis viermal die Woche. Sonst im Schnitt zweimal."
„Gewichtsprobleme?", frage ich.
„In der gehobenen Gastronomie ist die Küche meist eine leichte", sagt Martina, sagt die *gertenschlanke* Martina.
„Außerdem streiche ich ein bis zweimal die Woche das Abendessen."
„Da bin ich dann immer beleidigt und esse aus Frust 17 Käsebrote. Nein, tatsächlich ist es bei mir so, dass ich kämpfen muss, um halbwegs das Gewicht zu halten."

„Weil du nach einem siebengängigen Menü immer noch drei Topfengolatschen essen könntest.“
„Wie du richtig sagst: Könntest. Aber ich tu’s nicht, muss aber trotzdem kämpfen.“
„Der Erdäpfelsalat ist übrigens zu stark gezuckert.“
„Der Tafelspitz nicht.“
„Witzbold!“
„Wie seid ihr zum Essen gekommen?“
„Ich hab“, erzählt Martina, „schon als zehnjähriges Mädchen in den Ferien Kochbücher mitgenommen, wenn wir auf Urlaub gefahren sind. Und dann stundenlang geblättert und gelesen. Und irgendwann habe ich begonnen, die Rezepte auszuprobieren und dann habe ich nie wieder aufgehört mit dem Kochen. Als ich 1994 beim *Kurier* angefangen habe, durfte ich sehr bald die Rezeptseite übernehmen, später dann, in der Samstagsbeilage *Freizeit*, den Gourmetteil. Kochen tu ich übrigens immer noch, und es bedeutet absolute Entspannung für mich.“
„Für mich bedeutet Kochen das absolute Gegenteil“, sagt Kari. „Drum tu ich’s nicht. Oder nur sehr selten.“
Dafür hat er, wohl auch seiner adeligen Herkunft wegen, immer schon auf hohem Niveau gespeist. „Wir hatten stets exzellente Köchinnen. Meist kamen sie aus der ehemaligen Tschechoslowakei und immer haben sie Fanny geheißen. Auch meine Mutter Antoinette hat gern gekocht und irgendwann in den 1960ern auch ein Kochbuch herausgebracht, nachdem sie ihre auf der ganzen Welt verstreuten Verwandten gebeten hatte, sie mit Rezepten zu beglücken. *Nettis gesammelte Werke* hieß es, und da gab es kaum ein Rezept, für das nicht ungefähr 40 Kilo Butter notwendig waren.“

Kari hat den Tafelspitz inzwischen mit sichtlichem Genuss zum recht raschen Verschwinden gebracht und ruft, während Martina noch immer hingebungsvoll mit dem erstklassigen Schnitzel beschäftigt ist, den Kellner herbei.
„Ich hätte gern einen Eismarillenknödel. Ohne Schlag.“
Da legt Martina wie in Zeitlupe das Besteck zur Seite: „Mich ärgert immer

Der Chef

wieder, dass du die Nachspeise meist schon dann bestellst, wenn ich noch an der Hauptspeise sitz.“
Den Rest kennen Sie bereits. Aber falls Sie den *Gmoa Keller* nicht kennen, gehen Sie unbedingt hin. Auch mit Leibwächter. Und selbstverständlich auch frisch verliebt …

Ein Einkehrschwung fernab der Piste

Mit Schi-As Rainer Schönfelder beim „Reznicek“

Das hast notwendig gehabt“, ätzt Rudi und grinst, als Schönfelder gegangen ist.
„Was?“
„Dass erst ein Kärntner Schifahrer daherkommen muss, damit du ein wunderbares Wiener Wirtshaus kennen lernst.“
„Ist mir eh ein bisserl peinlich, aber man kann nicht alle kennen. Außerdem hat der Schönfelder einen Startvorteil, denn der wohnt gleich ums Eck. Und zwar schon seit Jahren.“
„Dennoch klassisch eingefädelt!“
„Lass mich in Ruh und lies die Speisekarte oder putz das Objektiv.“

Rainer Schönfelder hat uns ins Gasthaus *Zum Reznicek* in der gleichnamigen Gasse im Neunten entführt. Und dafür möchte ich mich an dieser Stelle ausdrücklich bei ihm bedanken, denn andernfalls wäre ich vielleicht nie in meinem Leben reingestolpert in dieses wunderbare Ecklokal. Was nicht nur schade, sondern geradezu unverzeihlich gewesen wäre. Aber die Fassade lässt nicht zwingend auf ein Beisl schließen, hinter dessen Fenstern auf einem Niveau gebacken und gebraten, gesotten und geschmort wird, das seinem Koch, der gleichzeitig auch der Chef ist, schon vor vielen Jahren eine *Gault-Millau*-Haube eingebracht hätte, wäre dem Wirt daran gelegen. Lag ihm aber nicht. „Voll“, sagt Herbert Prockl heute, „war ich sowieso. Und bin’s noch immer. Und noch immer ohne Haube. Nein, das muss nicht sein und würde auch nicht zu uns passen.“
Schönfelder bestellt das Gulasch und patzt sich schon beim dritten oder vierten Bissen an. Rudi und ich nehmen das Paprikahuhn und patzen uns nicht an. Was wir hingegen alle drei gemeinsam haben: Wir essen weit mehr als nur durchschnittlich.
„Essen“, sagt Schönfelder, der gern und auch oft zu Hause für sich selbst kocht, „tut der Seele ungemein gut. Morgen beispielsweise fliege ich für drei Tage nach Finnland zum Weltcup und weiß zwei Dinge schon jetzt: Erstens wird es, und das gilt für den gesamten Weltcup-Winter, wenn wir essen nahezu nie ein Essen in meinem Sinn sein, nämlich kein ausgedehnt genussvolles, sondern reine Nahrungsaufnahme, kurz und schmerzlos und nach Plan. Das beginnt schon beim Frühstück, wobei ich da gegenzusteuern versuche und gern eine halbe Stunde früher aufstehe als nötig, um es halbwegs zu zelebrieren. Mit Zeitung und allem, was dazugehört.

Hoppala, angepatzt. Quasi beim Essen eingefädelt …

Auch wenn das Lokal optisch kein Augenschmaus ist: Die Küche ist spitze und die Bierauswahl groß.

Und zweitens werde ich im hohen Norden nicht annähernd etwas so Gutes wie dieses Gulasch bekommen. Darum werde ich den Geschmack dieses Rindes und des Saftes im Geiste mitnehmen und drei Tage davon zehren. Und hätte mir seinerzeit jemand gesagt, dass ich mich einem strengen Speiseplan unterziehen müsste, wenn ich Karriere als Profisportler machen wollte, dann hätte ich auf diese Karriere vielleicht sogar verzichtet."

So aber hat Schönfelder im Lauf der Jahre für sich die perfekte Balance gefunden aus gesunder Ernährung und Sünde. Man könnte ihn quasi als Meister in der Kombination bezeichnen, um in seinem Genre zu bleiben. Was ihm auf der kulinarischen Piste allerdings nicht in die Quere kommen sollte, sind Nüsse, lange gereifte Käse und schwere Rotweine. „Wegen der Histamine. Da krieg ich sofort Schwindelanfälle, Ausschlag und Schädelweh."

Es war die Urgroßmutter in Tainach in Kärnten, die die Geschmacksnerven des kleinen Rainer als Erste trainierte. „Zu ihr durfte ich jedes Wochenende

und sie hatte immer einen kalten Schweinsbraten im Kühlschrank. Quasi für den kleinen Hunger zwischendurch. Und als richtiges Essen gab's dann die Kärntner Nudeln, von denen ich heute noch träume."

In die Kategorie kulinarisch bedingter Alptraum fällt hingegen eine Geschichte, die sich im Jahr 1997 im fernen Japan zugetragen hat. Rainer Schönfelder und Bennie Raich, damals zwei rot-weiß-rote Weltcup-Hoffnungsträger, saßen in ihrer eher bescheidenen Unterkunft auf dem Boden und aßen Sushi, stilsicher mit Sojasauce und Wasabi, dem höllisch scharfen japanischen Kren, der sich hin und wieder auf die Verdauung schlägt. Und hin und wieder tut er das sehr rasch, quasi unangemeldet.

Schönfelder jedenfalls spürte von einer

Sekunde auf die andere ein menschliches Rühren. Im Sauseschritt ging es also in Richtung Toilette, bloß: Wo war die? „Irgendwo im Keller", vermutete Raich. „Ich bin also in gebückter Haltung die Stiegen hinunter und erblickte zahlreiche Türen, allerdings war keine davon auch nur irgendwie gekennzeichnet. Dann hat auch noch die Neonröhre ihren Geist aufgegeben und stockfinster war's. Also bin ich die Wand entlang und hab nach den Drehknöpfen der Türen getastet, um ein Klo zu finden." Nichts da, kein Klo, alles zu. Bis Schönfelder irgendwann nur noch betete, es möge irgendeine Tür wenigstens zu öffnen sein.

Sein Flehen wurde erhört. Im allerletzten Moment, an der allerletzten Tür. Rein in den Raum, Hose runter, in die Hocke. „Es war ein Augenblick aus tiefer Peinlichkeit und unsäglicher Erleichterung. Aber was dann geschah, kann man sich nicht vorstellen, denn plötzlich hatten zwei Männer in Pyjamas die Lampen neben ihren Futons angeknipst und starrten mich an. Vermutlich wäre ich am Schock der eigenen Scham gestorben, aber die beiden haben gelächelt und sind sofort aufgesprungen, um Putzsachen aus dem Kasten zu holen und mir zu helfen. ‚Top secret, top secret' haben sie immer wieder gesagt und sich dabei irrsinnig abg'haut."

Sushi isst Schönfelder trotz dieses Missgeschicks auch heute noch, bloß mit dem Wasabi passt er höllisch auf. Und jetzt muss er weg. Koffer packen. Abflug nach Finnland quasi im Morgengrauen.

„Mit dem *Reznicek* hab ich euch aber was Feines gezeigt, oder?"

„Allerdings."

Kurz nachdem Rudi dann seine zu Beginn dieses Kapitels zitierte (überflüssige) Bemerkung abgesondert hat, setzt sich der Chef zu uns. Ein stattlicher Mann von 160 Kilo Lebendgewicht, der das Lokal, das es seit rund 140 Jahren gibt, 1992 gekauft hat. „Damals war das ein Treffpunkt für Pensionisten, es gab Flaschenbier und Wein aus dem Doppler. Dem habe ich aber sofort gegengesteuert und nur noch Bouteillenweine und Bier vom Fass ausgeschenkt. Heute sind es acht Sorten Bier und hervorragende österreichische Weine."

„Moment", mischt sich Rudi ein und mimt den Empörten. „Ich bin auch bald in Pension! Haben Sie was gegen Pensionisten?"

„Nein", lacht der Chef, „ganz und gar nicht, aber ich wollte einen neuen Kundenstock heranziehen, zumal auch die Wirtschafts-Uni ganz in der Nähe ist. Nur bei den Speisen hab ich wenig verändert – Krautfleckerl, Gulasch, Eiernockerl oder Paprikahenderl hat's immer

schon gegeben und wird es geben, solang ich hier bin.“

Gut zehn Jahre ging alles gut. Oder zumindest schien es so. Denn sieben Tage die Woche zwölf und mehr Stunden im Lokal hinterließen Spuren bei Herbert Prockl. Gewaltige Spuren. Und so kam es 2003 zum totalen Zusammenbruch – *Burnout,* wie's auf gut Neudeutsch heißt.

„Ich war, wie so oft, auf dem Weg zum Großmarkt, und die Ampel, bei der ich hätte links abbiegen müssen, war rot. Da bin ich einfach rechts gefahren und im Prinzip nicht mehr stehen geblieben. Bis ich in Bologna war. Dazwischen hab ich mich eine Nacht lang am Wörther See volllaufen lassen. Ich hatte nichts bei mir außer Bargeld und meinen Pass und das G'wand, das ich am Körper trug. Vier Monate bin ich untergetaucht, nicht einmal meine Frau wusste, wo ich war. Die Ehe war damals ohnehin kurz vor dem Ende. Und in Wien hat man sich die wildesten G'schichten erzählt, zum Beispiel, dass die Ost-Mafia den Prockl in der Donau versenkt hat.“

Vier Monate später hatte Prockl genug von seinem Ausbruch und machte sich auf den Weg zurück, auf dem ihm in Ybbs an der Donau der Sprit ausging. „Ich hatte kaum mehr einen Euro in der Tasche und konnte nicht einmal mehr nachtanken, also bin ich mit irgendjemandem nach Wien mitgefahren.“ Zuhause angekommen, läutete er an der Tür. Seine Frau machte auf und lächelte. Er lächelte zurück. Die Ehe war gerettet. Bloß das Lokal war zu. Kurze Zeit hatten es seine Mitarbeiter noch weitergeführt, aber als keine Ware mehr da war, ging der Rollbalken runter.

„Ich hab dann einfach von einem Tag auf den anderen wieder aufgesperrt und die Schulden, die sich in diesen Monaten angehäuft hatten, zurückgezahlt. Rund 70.000 Euro waren es. Und das Wunderbare war, dass auch die Mitarbeiter weitergemacht haben. Das nenne ich Treue.“

Und dann erzählt er die Geschichte vom ehemaligen *Gault-Millau*-Chef, der ihn animieren wollte, sich mit einer Haube dekorieren zu lassen. Und dem er sich „widersetzte“.

Nicht widersetzt hat er sich dafür bis dato dem Kochbuchautor und vermutlich österreichweit bekanntesten Gastrokritiker Christoph Wagner. „Der saß eines Tages bei mir und sagte: ‚Herbert, wenn du irgendwann einmal damit beginnst, mit Zitronengras und dem Zeitgeist entsprechend zu kochen, dann komm ich nicht mehr zu dir‘.“

Er hat sich nicht nur bis dato daran gehalten, er wird es auch künftig tun. Und das ist gut so.

Chefsache oder: Das Gute liegt 511 Schritte nah

Mit dem Unternehmer und À-la-Carte-Herausgeber **Hans Schmid** in seinem **„Pfarrwirt“**

Exakt 511 Schritte sind es von seiner Villa am Fuße des Nussbergs in sein Lokal, den *Pfarrwirt.* Höchstpersönlich gezählt von seiner Tochter Johanna. Und da sitzt er nun in der großzügigen Veranda an einem seiner Tische, die jeden Montag mit Olivenöl eingelassen werden. So nämlich hinterlässt der Rotwein keine Flecken, wenn einmal ein Glas nicht mehr ganz standfest ist.
An der Wand neben dem Tisch hängt die *Parndorfer Heide,* ein nicht unbedingt typischer Otto Mühl, und Hans Schmid, der Unternehmer, Eishockeypräsident und ehemalige Werbeguru, ist von der Maronisuppe mehr als nur angetan, während ich mit der Rieslingschaumsuppe große Freude habe.
Rudi isst nichts, dafür ist schon seit Minuten nichts mehr von ihm zu sehen. Er sucht und findet nämlich gerade Motive ohne Ende und fotografiert ohne Unterlass in einem Wirtshaus, das man mit Fug und Recht als eines der allerschönsten dieser Stadt bezeichnen kann.

„Alles wollte ich werden in meinem Leben, nur niemals Wirt“, erzählt das 1940 in Villach geborene Wirtshauskind und erinnert sich nicht sehr gern an die frühe Kindheit, als er im elterlichen Betrieb mit anpacken musste. Aber er wurde es. „Durch Zufall“, wie er sagt. Wie er so vieles durch Zufall wurde. Zeitungsherausgeber etwa, als er im Jahr 1980 den *Wiener* gekauft hatte. Und dieser, der Wirtshaus-Zufall, der Jahre zurückliegt, trug sich wie folgt zu: Schmid war wieder einmal Gast im wunderschönen *Roten Haus* und einmal mehr unendlich angetan von der einstigen Unterkunft für Landarbeiter, die später von seinem Besitzer für repräsentative Zwecke genützt wurde. „Dieser Blick über die Stadt, ein Traum. Und als

Hausherr und Gast und an der Wand ein Otto Mühl: Auch nicht alltäglich in einem Wirtshaus ...

der Eigentümer ein paar Jahre später bereit war zu verkaufen, habe ich sofort zugeschlagen, auch wenn das Haus rettungslos überbezahlt war." Mit dem *Roten Haus* kaufte Schmid auch gleich ein bisserl Weingarten mit und in weiterer Folge nach dem, wie er es nennt, „Lustfaktor" immer mehr. „Aber dass das derart ausufert und ich dann auch noch Winzer und Gastronom werden würde, das war eigentlich nie geplant." Inzwischen sind es an die 60 Hektar von insgesamt 690 in ganz Wien, darunter berühmte Lagen wie Obere Schoss, Preußen, Langteufel und die legendäre Ried Alsegg. Und ein paar Jahre nach dem Kauf des *Roten Hauses* erstand Schmid auch den berühmten Heurigen *Mayer am Pfarrplatz* im Beethovenhaus.

Im Zuge dieses Deals verhandelte Schmid eines Tages mit dem Pfarrer der nebenan liegenden St.-Jakobs-Kirche wegen eines Kellers und erkundigte sich ganz en passant, wie es denn eigentlich weitergehen würde mit dem seit Jahren geschlossenen Restaurant *Zur schönen Aussicht,* das ebenfalls neben der Kirche

Mit Hans Schmid im „Pfarrwirt"

liegt, nur auf der anderen Seite. „Für das interessiert sich ein Winzer aus dem Burgenland“, ließ der Kirchenmann Michael, den Unternehmer, wissen, was Letzterem missfiel. Ein Burgenländer im Herzen des Wiener Weins, nein, so kann's nicht gehen. „Haben Sie zufällig einen Schlüssel?“, wollte Schmid wissen, und der Pfarrer hatte einen. „Wie von einer Sekunde auf die andere verlassen, so hat es hier ausgesehen. Als hätte im April 1945 einer gerufen: ‚Die Russen sind schon unten in Heiligenstadt.‘ Da standen Karaffen mit eingetrockneten Rotweinresten und in den Laden hinter der Schank fand ich Kleingeld und Aspirin. Aber ich habe mich sofort in das Haus verliebt, weil es eine so unglaubliche Aura hat. Wie so viele Häuser in der Nähe von Klöstern und Kirchen.“

Eine Schank, wie sie schöner kaum sein kann: Beim Pfarrwirt fühlt man sich schon beim Reinkommen wohl. Links: Der imposante Prälatensaal.

Gegenüber der Schank an der Wand:
Eat-Art von Daniel Spoerri

Die Geschichte des Hauses reicht zurück bis ins 12. Jahrhundert. 1180 als Berghof neu erbaut, gilt der Pfarrwirt bauhistorisch als eines der wertvollsten Gebäude in Wien. Trotz zahlreicher Umbauten sind noch heute die Spuren aus dem 14. Jahrhundert an den bestens erhaltenen Steinportalen und Steinfenstern zu erkennen. Die berühmten *Rötelzeichnungen,* gleich neben dem Eingang, stammen aus dem 15. Jahrhundert, und im 17. wurde der einstöckige Berghof zu einem Barockhaus umgebaut. Propst Ernest Perger ließ 1711 den Prälatensaal mit hochwertigen Stuckaturen und einem ovalen Deckenbild schmücken, wobei das Gemälde das Gleichnis vom Zinsgroschen aus dem Neuen Testament „Siehe, Sie gaben Gott, was Gottes ist" zeigt. Die beeindruckende Holzveranda wurde schließlich 1872 zur Pflege der Wiener Kaffeehauskultur geschaffen und 1904 auf ihre heutige Größe erweitert.

„Mein Ziel war es, gemeinsam mit dem Denkmalamt ein Juwel aus diesem Lokal zu machen, also habe ich unendlich viel Geld in die Renovierungsarbeiten investiert. Ich hätte es mir auch leichter machen und beispielsweise die Fenster durch neue ersetzen lassen können. Wir aber haben jedes einzeln ausgebaut, repariert, restauriert und wieder eingesetzt."

Wenn man das Lokal betritt, steht man zuerst im wunderschön holzgetäfelten Schankraum, und sofort fällt der Blick auf ein beeindruckendes so genanntes *Fallenbild* von Daniel Spoerri, dem Erfinder der *Eat-Art.*

„2008 hat er es für uns kreiert. Wir haben ein Festessen organisiert, jeder musste ein paar Dinge mitbringen und auf den Tisch legen, der Pfarrer beispielsweise ein Kreuz, und dann hieß es plötzlich aufstehen und alles so zurücklassen, wie es in diesem Moment war. Ich hatte gerade meine Brieftasche auf dem Tisch liegen und hab quasi in letzter Sekunde die Kreditkarten, das Geld und meinen Führerschein rausnehmen dürfen", erinnert sich Schmid an das Zustandekommen des imposanten Kunstwerks. Aber damit – und mit dem eingangs erwähnten Mühl – hat es sich noch lang nicht mit der Kunst in diesem Haus. Da hängen Werke von Fritz Riedl, Viktor Lederer, Hans Unger, Ida Buchmann, Heinrich Reisenbauer oder Oswald Tschirtner, alle aus dem Privatbesitz des passionierten Sammlers und Mäzens Hans Schmid, der übrigens nebenbei auch noch Herausgeber des Gourmetmagazins *A la Carte* ist.

Als Rudi zwischendurch an unserem Tisch vorbeihuscht und meint, dass man beim *Pfarrwirt*-Kapitel allein schon wegen der Fotos mit sechs Seiten wohl nicht auskommen wird, ich das Gulasch genieße und der sehr kritische Hausherr wie schon an der Suppe nun auch am Rostbraten nicht das Geringste auszusetzen hat, ganz im Gegenteil, erinnert sich Schmid an seine Mutter: „Heute hätte sie sicherlich zwei Sterne. Sie hat zwar einfach gekocht, aber brillant. Wirtshausküche eben, Schweinsbraten, Gulasch, Kaiserschmarrn. Und wenn ein Gast etwas auszusetzen hatte, was selten vorkam, stand sie in der Küche und hat geweint. Wie gut sie gekocht hat, habe ich allerdings erst begriffen, als ich vor fast 50 Jahren nach Wien gekommen bin. Und bald habe ich auch gelernt, dass man, wenn man sich kulinarisch bilden will, von oben nach unten essen muss. Oder trinken. Also auf hohem Niveau anfangen."

Einmal, ganz zu Beginn seiner Zeit in Wien, war Schmid als Student ins *Sacher* eingeladen. „Kurz davor habe ich einen Zehner im Toto gemacht und mir von dem Geld eine Schallplatte und ein Buch gekauft. *Der gute Ton in allen Lebenslagen* hat es geheißen, erschienen bei *Donauland,* und nach der Lektüre habe ich im *Sacher* dann keine so schlechte Figur gemacht, weil ich zumindest wusste, dass man das Besteck von außen nach innen nimmt."

Logischerweise lässt Schmid an diesem Nachmittag seinen eigenen Wein servieren. Erst trinken wir den exzellenten *Gemischten Satz,* danach den bereits oftmals – und das zu Recht – preisgekrönten 2008er *Riesling Nussberg,* der auch den allerbesten „Kollegen" aus der Wachau mehr als nur Konkurrenz macht. „In gewisser Weise", sagt Schmid, und sein Blick ist geradezu verklärt, „bin ich ein Aussteiger. Einer, der eines seiner Hobbys, den Genuss nämlich, zum Beruf gemacht hat und Wirt geworden ist. Und Wirt bin ich inzwischen mit Hingabe. Und ein bisserl stolz bin ich auch, dass ich ein totes Lokal wieder zum Leben erwecken und der Stadt und ihren Menschen zurückgeben durfte."
„Bist du ein strenger Chef?", frage ich.
„Fürchten braucht sich keiner vor mir", sagt Schmid. „Aber ich bin sehr genau. Wenn etwa eine Lampe schief hängt, dann ärgere ich mich maßlos, dass das keiner gesehen hat, und richte sie gerade. Und ich mag es gar nicht, wenn der Weißwein zu kalt ausgeschenkt wird. Das muss der Kellner spüren, wenn er die Flasche in der Hand hat. Dieser Riesling beispielsweise ist zu kalt. Darum lassen wir den jetzt ein paar Minuten stehen und ich zeige euch inzwischen den Keller."
Das Gewölbe ist riesig und beeindruckend schön und auch hier wurde ganz nach den Vorstellungen des Chefs adaptiert. „Ich lege sehr großen Wert auf Möbel und Beleuchtung, das muss bis ins allerletzte Detail harmonieren", sagt der Perfektionist und will in diesem Keller künftig vermehrt Veranstaltungen durchführen, Konzerte beispielsweise oder Lesungen.

Wieder oben, hat sich der Riesling auf eine ideale Trinktemperatur erwärmt. „Kann ich noch etwas tun für euch? Etwas Süßes vielleicht?"
„Ja", sage ich, „du kannst etwas tun für uns. Unbedingt so weitermachen."
„Nichts anderes habe ich vor."

Gulaschsuppe, Weinskandal und nichts zu beißen in Barcelona

Mit PR-Profi und Falstaff-Herausgeber **Wolfgang Rosam** in **„Weibels Wirtshaus“**

Ich stelle eine Behauptung auf und sage, Weibels von außen recht unscheinbares Wirtshaus unweit des Stephansdoms ist einmalig in Wien. Insofern nämlich, als es in diesem Lokal deutlich mehr Weine auf der Weinkarte gibt als Sitzplätze rund um die weiß gedeckten Tische. Und das, obwohl *Weibels Wirtshaus* zweigeschossig ist.

Vielleicht spielte das in Wolfgang Rosams Überlegungen, welches Wirtshaus er uns zeigen wollte, eine nicht unwesentliche Rolle. Nicht die zwei Stockwerke, sondern die Weinkarte. Denn Rosam ist ein regelrecht besessener Sammler guter, respektive bester Tropfen, vorzugsweise französischer Herkunft und in Rot gehalten. Rund 5000 Flaschen lagern bei perfekt abgestimmter Temperatur in seinem Keller, davon an die 80 Prozent aus dem Land des Baguettes, der Bresse-Hühner und des Beaujolais. „Wobei ich jetzt nie mehr größere Mengen kaufe, sondern nur noch ausgesuchte Lagen und Jahrgänge.“

„Kommt man bei 5000 Flaschen mit

dem Trinken noch nach?“, fragt Rudi. „Nicht leicht“, lacht Rosam, „da müsste man schon sehr viele Feste feiern. Aber eine schöne Flasche nach einem langen Arbeitstag ist eine wunderbare Belohnung. Wobei meine Frau meist nur ein Glas trinkt und mir den Rest überlässt.“

Wir bestellen die Vorspeisen und als Hauptgang Wild, Rosam Reh, Rudi Hirsch, ich Wildschwein. Und dann vertieft sich Rosam in die Lektüre. „Erstaunlich, wirklich erstaunlich“, lobt der Kenner immer wieder, wundert sich nicht minder häufig über die, zumindest für seine Brieftasche, keineswegs überhöhten, ja geradezu moderaten Preise, und ordert schließlich einen *Château Lafitte Rothschild* Jahrgang 1999. Was der kostet, will ich eigentlich gar nicht wissen, riskiere dann aber doch einen Blick und sag es an dieser Stelle nun doch nicht weiter ... Rudi, der ebenfalls in die Karte geschielt hat, grinst. „Das ist zwar ziemlich dekadent, in einem Wirtshaus wie diesem so einen

Wirt Weibel und Gast Rosam und die Frage nach dem guten Schluck

Roten zu trinken, aber irgendwie hat es auch wieder was ...“ Und dann lächelt der Herausgeber des Gourmetmagazins *Falstaff* und des dazu gehörenden Lokalführers sehr zufrieden. Und – nun greife ich den Dingen ein klein wenig vor –, als der Franzose leer ist, wobei auch Hausherr Hans Weibel mitgeholfen hat, gibt es zum Drüberstreuen noch einen *Salzberg* vom Weingut Heinrich aus dem Burgenland, Jahrgang 2002, einen der ganz großen Österreicher. Und mir ist der sogar noch eine Spur lieber als sein „dekadenter“ dekantierter Vorgänger. „Der 2000er ist noch besser, aber den bekommt man fast nicht mehr. Ich hab zum Glück noch zehn im Keller“, sagt Rosam, der oft Stunden in seinem Heiligtum verbringt, „wo ich dann ganz gern ein bisserl mit meinen Flaschen rede und meine Frau sich oben wundert, was ich die ganze Zeit mache“.

Und dann kostet er meine klare Wildsuppe.

„Zu dünn, eher fad und ziemlich geschmacklos“, schließt er sich meiner Meinung an und reklamiert als Zwischengang (und aufs Haus) drei klitzekleine

Für den Gast, der ganz allein ist: Kulinarisches zum Schmökern

Zimmer mit Aussicht: Eine gemütliche Nische im ersten Stock

Portionen Beuschel. „Da brauchen wir jetzt allerdings noch drei Glas Sauvignon."
Rudi widerspricht nicht und auch ich freunde mich sogleich mit dieser Idee an.
Das Beuschel stimmt uns rasch wieder milde und steht durchaus stellvertretend für die Küche dieses Hauses. Hier wird die traditionelle Wiener Art, Speisen zuzubereiten, verfeinert, erweitert und ein wenig modernisiert, ohne dass es künstlich, gewollt oder aufgesetzt wirkt.

Über 25 Jahre ist es her, dass Wolfgang Rosam, der als kleiner Bub in seiner Kärntner Heimat Sonntag für Sonntag auf ein paniertes Schnitzerl in einem Wirtshaus der Umgebung regelrecht bestanden und diesen Wunsch auch stets erfüllt bekommen hatte, zum Wein kam. Und schuld war ausgerechnet ein Skandal, der Weinskandal nämlich, als Glykol ein beinahe noch wesentlicherer Bestandteil war als die Traube als solche.
„Damals", erinnert sich der 1957 in Spittal an der Drau geborene Rosam, „hat die Krisenkommunikation überhaupt nicht funktioniert. Deutsche Tageszeitungen titelten mit *Österreicher vergiften uns mit ihrem Wein* und fünf Seiten später folgte das ganzseitige Inserat mit dem Slogan *Der österreichische Wein ist ehrlich.* Das war natürlich in höchstem Maß kontraproduktiv und unglaubwürdig, also wurde eine Weinmarketing-Gesellschaft gegründet und die startete eine sofortige Ausschreibung unter Werbe- und PR-Agenturen, an der ich mich mit meinem Büro beteiligt habe."

Eines Tages war Rosam, der schon nicht mehr mit einem positiven Bescheid gerechnet hatte, Schifahren auf dem Goldeck bei Spittal, als er in der Hütte nahe dem Gipfel eine Gulaschsuppe orderte.
„Du bist doch der Rosam, oder?", vermutete der Wirt.
„Ja, warum?"
„Die Mama hat hier angerufen und du sollst sie zurückrufen. Dort drüben steht das Telefon."
„Ich bin ein bisserl erschrocken, hatte Angst, es könnte was passiert sein, hab die Nummer von der Mama gewählt und schließlich erfahren, dass ich mich in Wien bei der Weinmarketing melden soll."
Zwar hatte die GGK, damals noch im Besitz von Hans Schmid, die Ausschreibung für die Werbeagenturen gewonnen, doch die Juroren wollten eine andere PR-Agentur als jene, die sich gemeinsam mit der GGK beworben hatte. Sie wollten Rosam. „Und dann habe ich acht Jahre die PR für den österreichischen Wein gemacht und bin parallel dazu zum Weinfreak geworden."
Und mit dem Trinken kam dann auch das Essen auf hohem Niveau.
„Schmeckt's euch?", fragt Rosam.
„Ich hab schon deutlich schlechter gegessen. Mehrfach ...", sagt Rudi.
Ich pflichte bei.
„Und so richtig etwas zum Beißen", ergänzt Rosam. Rudi und ich schauen ihn für einen Moment verständnislos an.
„Ist deines denn zäh?", frage ich.
„Mein Wildschwein ist weich und ausgezeichnet."
„Nein, von zäh kann keine Rede sein. Ich meine das ganz anders."
Und dann erzählt Rosam die Geschichte von seinem kulinarischen Ausflug nach

Barcelona, wo er mit seinem Freund Hans Mahr in Adrian Ferrans *El Bulli* dinierte, dem zu dieser Zeit (angeblich) besten Restaurant der Welt.
„35 Gänge. Und bei den ersten sechs oder sieben bist du noch vollends überwältigt, weil es ein so unglaubliches Geschmackserlebnis ist. Ein davor noch nie da gewesenes in Wahrheit. Aber nach 15 Gängen folgen zwei Erkenntnisse: Erstens bist du wegen der Weinbegleitung schon leicht besoffen, weil du in Wahrheit nichts gegessen hast. Vor allem nichts gebissen. Jeder Gang ist quasi ein luftiger Hauch, und das entspricht nicht dem Wesen Mensch, denn der Mensch will beißen. Beißen ist ein Urinstinkt. Und zweitens brauchst du jetzt dringend ein Stück Brot, einerseits um wie gesagt endlich etwas zu beißen, andererseits um den Wein aufzusaugen. Du weißt aber nicht, ob du dich trauen sollst, in einem so unendlich noblen Lokal ein Körberl mit Brot zu bestellen. Der Hans jedenfalls meinte, das würde man nicht tun können. Ich hab es schließlich trotzdem getan und er war dann der erste, der es verschlungen hat. In Wahrheit ist dieses *El Bulli* kein Restaurant, sondern ein Labor, in dem mit Essen experimentiert wird. Und dafür zahlt man dann Unsummen. Darum liebe ich Wirtshäuser wie dieses, denn hier ist's erdig. Also kultiviere ich meine tiefste Sehnsucht nach ehrlichen Wirthäusern in jüngster Zeit wieder immer mehr."

Zum Abschluss gibt es Käse verschiedener und bester Sorten und den bereits erwähnten *Salzberg*. Und noch eine Erkenntnis gibt es: „Ich glaube, der Weibel ist in unserem aktuellen *Falstaff* ein klein wenig unterbewertet. Nicht zuletzt wegen der tollen Weinkarte."
„Siehst", sage ich, „solltest vielleicht öfters mit uns essen gehen". Weil ich mir den *Salzberg* nicht leisten kann. Aber das denke ich nur. Und sage artig danke.

Drei Sportler unter einem Huth

Mit Callboy
Gernot Kulis
ebendort

Schuld ist sein Zahnarzt. Nachdem Gernot Kulis, bekannt als augenzwinkernd-hinterfotziger Ö3-Callboy, schrulliger Professor Kaiser und Mitglied der zu Recht erfolgreichen Parodistentruppe *Comedy Hirten,* wie so oft an einem Montag hinter dem Konzerthaus am Heumarkt mit einer äußerst ambitionierten Juxtruppe Eishockey gespielt hatte, übermannte ihn ein ungeheurer Gusto auf ein wirklich gutes Steak. „Dann lass uns doch ins *Moritz* gehen", sagte sein ebenfalls eishockeybegeisterter Zahnarzt, und kurze Zeit später saßen die erschöpften Cracks im Nämlichen.

Die Wirtsleut' und Gernot K.

Und so avancierte das *da Moritz* quasi über Nacht zum montägigen Stammlokal des ehemaligen Beinahe-Fußballprofis, dem er aber immer wieder – und immer wieder gern – untreu wird. Und das insofern mit absolut gutem Gewissen, denn den Chefs wird er es nicht. Denn schräg gegenüber vom *da Moritz* liegt die *Gastwirtschaft Huth,* in der wir jetzt mit Kulis sitzen, und direkt vis-a-vis der Gastwirtschaft das gleichnamige Beisl, in dem Kulis auch immer wieder auftaucht. Und alle drei Lokale in der Schellinggasse im ersten Bezirk gehören den einstigen Ruderern Gabi und Robert Huth, wobei der weibliche Teil des Paares seine größten Erfolge, darunter EM-Bronze im Zweier, noch als Sinzinger bejubelte. Er hingegen ruderte meist ein bisserl weiter hinten herum, dafür läuft er heute Marathon. Und zwar bis zum Ende. Respekt.
Begonnen hat alles im April 2001 mit der Gastwirtschaft. 2006 kam das *da Moritz* dazu, benannt nach dem ersten Sohn der Huths und ein ausgezeichnetes mediterranes Lokal mit wunderschönem und exquisit ausgestattetem Weinkeller. 2008 folgte das Beisl. Fehlt noch das *Max,* wobei es *den* Max schon gibt. Der ist zum Zeitpunkt unseres Besuches im November 2009 zweieinhalb Jahre alt und soll spätestens 2011 eine klassische Trattoria werden, sofern seine Eltern im, und das ist Grundbedingung, nächstgelegenen Umfeld eine geeignete Lokalität finden.

Gernot Kulis, Jahrgang 1976, bestellt das Backhuhn mit Erdäpfelsalat und erzählt von seiner Kindheit in St. Paul im Lavanttal und von seiner Mutter, die immer dann, wenn Kärntner Kasnudeln auf dem Speiseplan standen, bereits um fünf Uhr in der Früh aus den Federn kroch, um selbige vorzubereiten. Teig fabrizieren, Teig kneten, dann die Fülle mit den ganz besonderen Kräutern zaubern, schließlich Teig ausrollen, Teig schneiden, die Fülle portionsweise auf dem geschnittenen Teig verteilen, den Teig samt Fülle zur Nudel formen und zum Schluss die „Krandel krändeln", sprich den kunstvoll geformten Rand.

Wenn man beim Huth etwas Gebackenes bestellt, dann kann man nichts falsch machen ...,

... außer, man isst ein bisserl zu schnell und ist dementsprechend traurig, wenn der Teller leer ist.

Alles in mühevoller Handarbeit. „Sie hat mit ihrer Liebe zum Kochen meine Liebe zum Essen erweckt und mich zum Feinspitz erzogen“, erinnert sich Kulis, im Stiftsgymnasium St. Paul ein ehemaliger Schulkollege von Schauspieler Peter Simonischek, wenngleich da ein paar Jahre dazwischen liegen. Warum das an dieser Stelle erwähnt wird? Weil's nicht die einzige Gemeinsamkeit ist, denn auch Simonischeks Stammwirtshaus in Wien ist der *Huth*.

Kulis, der im Alter von 13 wegen des Fußballs ins Internat nach Graz „transferiert“ wurde, später unter Ivica Osim bei *Sturm* auf dem Sprung zum Profi war und seine Karriere 1999 im Alter von 23 als Regionalligameister mit Hartberg beendete, bezeichnet Essen und Reisen als seine größten Hobbys. Zwei Hobbys, die sich auch wunderbar kombinieren lassen, wenngleich dabei hin und wieder auch die eine oder andere saftige Panne passieren kann. „Als ich vor Jahren das erste Mal auf Mykonos war, nicht rasend viel Budget in der Tasche aber großen Hunger hatte, entdeckte ich auf einer Speisekarte Hummer mit Spaghetti um 25 Euro. Grundsätzlich nicht wenig Geld für ein Essen, dachte ich mir, aber für Hummer eigentlich sehr billig, also hab ich Hummer mit Spaghetti bestellt. Bloß hab ich das Kleingedruckte nicht gelesen, wonach der Hummer nach Gewicht verrechnet wurde. Gezahlt hab ich schließlich 105 Euro. Nur für ein paar Nudeln mit ein bisserl Hummerfleisch!“

Nicht rasend viel Geld hatten auch die Huths, nachdem sie die Gastwirtschaft im April 2001 erstanden hatten und ein Jahr später umbauen wollten. Schließlich aber fanden sie einen Financier, einen Stammgast namens Florian Burgkaiser, der ihnen unter die Arme griff, heute auch am *Moritz* und am Beisl beteiligt ist, sonst aber mit Gastronomie nichts am Hut hat. Außer, dass er gern gut isst. Und vielleicht auch bald einen Max hat.

Unmittelbar nach dem Umbau des früheren Gasthauses *Zu den Wiener Schwalben* und späteren und ziemlich abgewirtschafteten *Puklpreiner* im Jahr 2002 stellte sich auch die erste Haube ein, und sieht man von einer „schöpferischen Pause" 2009 ab, so war und ist die *Gastwirtschaft Huth* Jahr für Jahr im *Gault Millau* mit jeweils einer vertreten. Für 2010 erkochte sie Thomas Bös, der Fleischlaberl macht, dass man nur so mit der Zunge schnalzt. Und nicht nur Fleischlaberl, das Schnitzel ist vom Feinsten, die Grammelknödel sind absolut so, wie sie sein sollen, und der Tafelspitz schmeckt, wie er schmecken muss in Wien.

2001, im allerersten Jahr also, standen abwechselnd noch die beiden ehemaligen Ruderer in der Küche. Nicht zuletzt aus Gründen der Kostenersparnis. „Aber er", erzählt sie rückblickend, „war für die Arbeit am Herd zu cholerisch und ich unterm Strich nicht gut genug". Er ist übrigens gelernter Förster und ehemaliger Jus-Student, sie ausgebildete Physiotherapeutin, die nicht zuletzt das

Gegenüber der Gastwirtschaft Huth liegt Huths Bierbeisl. Und das ist auch nicht zu verachten.

österreichische Frauenfußball-Nationalteam betreut hatte.
Nun stellt sich natürlich die Frage, warum ein gelernter Förster und ehemaliger Jus-Student Wirt wird, eine ausgebildete Physiotherapeutin Wirtin.
„Weil das immer unser gemeinsamer Traum war. Schon zu Zeiten des aktiven Sports, wir wollten immer ein Lokal, anfangs ein Kaffeehaus oder eine Bar. Den endgültigen Beschluss haben wir 1998 gefasst, Robert hat dann bald darauf sein Jus-Studium abgebrochen und ein zweijähriges Kolleg für Tourismus- und Freizeitwirtschaft absolviert, und ich habe mich auf die Suche nach einem geeigneten Lokal gemacht. Und hier in der Schellinggasse gefunden, denn die Herren Pukl und Preiner, daher der Name *Puklpreiner,* wollten nicht mehr.“ Wegen des doch heruntergekommenen Zustands war die Sache auch durchaus erschwinglich.

Kulis, vom vorangegangenen Eishockey noch rechtschaffen durstig, bestellt einen weiteren g'spritzten Apfelsaft, den ihm Frau Lotte serviert. Nicht irgendeine Frau Lotte, sondern *die* Frau Lotte, die Servicelegende Lotte. Die haben die Huths quasi mit übernommen, respektive mit übernehmen *müssen,* nachdem sie seit insgesamt 30 Jahren, seit 1979, nicht mehr aus diesem Lokal wegzudenken ist. „Zum 30-jährigen Jubiläum haben sie mir das *Goldene Verdienstkreuz der Stadt Wien* überreicht, aber das müssen Sie nicht schreiben in Ihrem Buch, weil drauf

bilde ich mir nichts ein. Aber dürfen tun Sie es natürlich."
Danke, denke ich.
Und wenn die Frau Lotte hinter der Theke herumfuhrwerkt oder lautstark telefoniert oder nicht minder lautstark mit Gästen parliert oder sie in die Schranken weist und der Chef beinahe schüchtern neben ihr steht, dann könnte man fast den Eindruck gewinnen, als handle es sich hier um ihren Laden. Wohl auch deshalb, weil sie ganz gern in der Ich-Form spricht, wenn sie übers Lokal redet.
Der Durst ist gestillt und nun trinkt auch Kulis ein Achtel. „Essen", sagt er, „ist für mich viel mehr als bloße Nahrungsaufnahme. Essen zelebriere ich, egal ob im feinen Restaurant oder an einem wackeligen Holztisch im Gastgarten eines kleinen Landwirtshauses.
Ich brauche einfach Zeit. Und wenn ich noch mehr Zeit hätte, dann würde ich auch gern kochen. So einfach schnell Nudeln in den Topf werfen, das ist gar nicht meins. Bei mir müsste es Stunden dauern. So wie bei der Mama in Kärnten."
Als Kulis wenig später gegangen ist, weil er am nächsten Tag bei Ö3 arbeiten und am Abend wieder mit den *Comedy Hirten* auftreten muss, sitzen Rudi und ich noch an der Bar, plaudern mit dem Chef und kosten besten österreichischen Weißwein. Etwas, worauf man sich nur dann einlassen sollte, wenn man Tags darauf ausschlafen kann. Denn Robert Huth ist nicht nur ein ausgezeichneter Wirt, er ist vor allem auch ein großer Verführer. Und so kommen wir um einen späten Lokalwechsel nicht umhin, gehen über die Straße und schon stehen wir im Beisl.

Hier wird das Bier aus dem klassischen Kugelhahn und ausschließlich mit dem Eigendruck aus den Fässern gezapft. Und da es mehrere Sorten zur Auswahl gibt und uns dann auch noch ein Verhackertes und ein famoser Hühnerleberaufstrich auf den Tisch gestellt wird, scheitert der Versuch, es bei einem kleinen Bier für die Reise zu belassen.

Der Mayonnnaisetuben-zuzler mit der Flachsen-Phobie oder: Wie ein Verhungernder auf den Tennisplatz kam

Mit dem Schauspieler und Kabarettisten **Andreas Vitasek** im Gasthaus **„Seidl"**

Das *Gasthaus Seidl* im dritten Bezirk heißt nicht deshalb so, weil es dort keine Krügel gibt, sondern weil der Wirt so heißt. Mit Vornamen Franz. Der machte einst die Lehre zum Kellner, weil der Vater, Wirt wie auch schon der Großvater, darauf bestanden hatte. Danach durchlief Seidl allerlei Stationen, betrieb zwischenzeitlich auch einen Würstelstand in Mariahilf, ehe er eines Tages in der Ungargasse landete und 1999 den Titel *Weinwirt des Jahres* verliehen bekam. Kein Wunder, lagern doch im Keller nicht weniger als 500 verschiedene Sorten.

Und da sitzen wir nun. Andreas Vitasek, Rudi und ich. Am Nebentisch wird Karten gespielt, der Koch ist noch nicht da, weil Küche gibt's am Abend erst ab sechs, aber eine Baguette ist schon im Rohr und der ärgste Hunger bald gestillt. Und auf dem Tisch stehen drei – genau – Seidl.

„Zu wissen, dass man in nächster Nähe seiner Wohnung gute Wirtshäuser hat, beruhigt ungemein", sagt Vitasek und zählt sie auf. „Das *Seidl,* der *Stadtwirt,* der *Gmoa Keller* und seit heuer auch noch das *Posthorn.* Natürlich liebe ich auch Lokale wie das *Steirereck* oder den *Taubenkobel,* aber dorthin geh ich vielleicht zwei- oder dreimal im Jahr. In die Oper geht man ja auch nicht täglich."

Schließlich taucht auch Peter Lotz auf, der Koch, nicht ganz pünktlich zwar, aber das macht nichts, weil auch sonst kann es hier ab und zu ein bisserl chaotisch wirken. Beispielsweise dann, wenn der Wirt nicht nachkommt mit dem Wegräumen leerer Weinkartons oder wenn sich hinter der Schank noch die Gläser vom Mittagsgeschäft türmen, weil sich das Mittagsgeschäft wie so oft bis in den späten Nachmittag hinein gezogen hat, der Laden einmal mehr zum Bersten voll war und nun bereits die ersten Abend-Gäste eintrudeln. Reservieren ist hier ratsam, denn geheim ist der Tipp schon lang nicht mehr. Mehrmals im Jahr gibt es auch ein Weinmenü. Da stellt dann ein Winzer seine Tropfen höchstpersönlich vor, dazu wird eine fünfgängige Essens-Begleitung serviert, kosten tut das lukullische Vergnügen 60 Euro, und trinken darf man so viel man will. Oder kann. Oder beides.

„Nehmt die Ente mit Rotkraut und Knödel", empfiehlt der Chef.

Andreas und ich gehorchen, Rudi lacht hingegen das in Butterschmalz herausgebackene Schnitzel vom Schwein an.

„Auch nicht schlecht", sagt der Chef. „Aber die Ente dauert noch ein bisserl."

„Macht nichts", sage ich und stelle mein Diktiergerät auf den Tisch, Vitasek direkt vor die Nase. „Sprich, mein Freund."

Und dann spricht er. Setzt an zu einem Monolog, gestikuliert und schneidet Gesichter und Rudi und ich glauben uns mitten in einer Nummer aus einem seiner Programme.

„Meine kulinarische Lebensgeschichte

beginnt wie bei so vielen mit Muttermilch. Aber, und das hat mir meine Mutter erst unlängst gestanden, ich wurde zu früh abgestillt. Darum weiß ich jetzt endlich, warum ich auch heute noch so viel zuzel. An Tuben. An Senftuben, an Mayonnaisetuben, ganz furchtbar. Jetzt hat mich meine Frau mit einem Mayonnaisetubenkaufverbot belegt, weil ich immer wieder in einem Anflug von oraler Unbefriedigung vor dem offenen Kühlschrank stehe und die 80-prozentige Mayonnaisetube aussauge, obwohl ich schon bei der Hälfte merke, dass mir eigentlich schlecht ist. Herrlich ist übrigens auch diese Krabbenkäsecreme von *Ikea* um günstige zwei Euro neunzig. Ich bin überhaupt ein begnadeter Vor-dem-Kühlschrank-im-Stehen-Esser. Aufmachen, reinschauen, irgendwas rausholen und nicht mehr aufhören können. Eingelegter Hering in Senfsauce zum Beispiel, wunderbar. Und wenn der aufgegessen ist, gleich das nächste Glasl. Irgendeines. Kapern vielleicht, wenn welche da sind. Und der Kühlschrank bleibt dabei die ganze Zeit offen.

Als Kind hab ich noch nicht so geschlungen, da war ich vielmehr ein irrsinnig pedantischer Esser und wurde von meinen Eltern im Wirtshaus manchmal strafweise an einen anderen Tisch verbannt und musste quasi im Exil essen, weil sie mir nicht mehr zuschauen konnten. Meine Flachsen- und Fett-Phobie zum Beispiel haben sie überhaupt nicht ausgehalten. Bei einem Schnitzel war's so, dass ich zu allererst die Panier feinsäuberlich runtergekratzt und dann das Fleisch seziert hab. Und wenn ich dann sicher war, dass da nirgendwo eine Flachse oder ein Fuzel Fett ist, hab ich das zu diesem Zeitpunkt meist schon ausgekühlte Schnitzel gegessen. Später dann kamen meine Schnösel-Anfälle, als ich im Wirtshaus nur noch Forelle blau bestellt habe. Jedes Mal. Und alle haben den Kopf geschüttelt und gedacht, jetzt isst der Trottel schon wieder Forelle blau. Irgendwann hab ich dann begonnen, normal zu werden. Find ich. Überhaupt gab es irgendwann nur noch eine Speise, die ich überhaupt nicht wollte und auch heute noch nicht will. Rindsroulade. Obwohl das ja eigentlich nichts Schlechtes ist, so eine Rindsroulade, aber als ich noch aktiv Fußball gespielt habe und wir eines Tages auf Trainingslager irgendwo im Wienerwald waren, haben wir Rindsrouladen bekommen und die waren offenbar irgendwie verdorben. Seither graust mir. Und wenn heute andere Leute beim Ausfüllen von diesen Prominenten-Fragebögen bei ‚Was würden Sie nie im Leben essen?' Dinge hinschreiben wie ‚Insekten' oder ‚Affenhirn', steht bei mir immer ‚Rindsroulade'.

Als ich 15 war begann die Selbstfindung, bedingt dadurch, dass sich meine Eltern haben scheiden lassen. Ich habe beim Vater gelebt, der nicht kochen konnte, also hab ich Geld bekommen fürs Mittagessen. Das wurde dann meist nur in Schinkenrollen im *Café Wortner* investiert, die ich während dem Billardspielen einfach nebenbei gemampft hab. Und am Abend haben wir dann versucht, mein Vater und ich, Schweinskoteletts abzubraten oder Nudeln zu kochen. Das war die Zeit des Experimentierens. Da gab's zum Beispiel diese

Nudeln von einer Firma die ungefähr so geheißen hat wie der Mirakulix im Asterix und die ganz grauenhaft waren. Alles in einem Packl. Grauenhafte Nudeln, grauenhafte Paradeissauce, grauenhafter Parmesan, und Oregano zum Drüberstreuen. Widerlich, aber es waren die ersten Spaghetti. Insofern herrlich. Dosenravioli von *Inzersdorfer* waren natürlich auch ein Klassiker oder die g'füllten Paprika. Parallel dazu kamen Mitte der 1970er auch die Spätauswirkungen der 1968er. Weniger politisch jetzt, dafür vielmehr philosophisch. Plötzlich ist Müsli aufgekommen. Müsli war etwas Revolutionäres. Und Reis. Reis hat man auch viel gegessen. Aus Solidarität mit dem Vietkong. Und dann die Vollkornnudeln. Auch eine Revolution. Aber fürchterlich. Vollkornspaghetti mit Paradeissauce. Aber ich hab sie gegessen. Das waren wirklich die absoluten Irrwege und trotzdem hab ich dann eines Tages beschlossen, Vegetarier zu werden. Da war ich ungefähr 22 und bin wenig später nach Paris an die Theaterschule Jacques Lecoq. Inzwischen nicht als Vegetarier, sondern bereits als Makrobiot. Es hat in Paris sogar zwei makrobiotische Restaurants gegeben und ich war sehr glücklich. Sesam habe ich damals auch viel gegessen, weil irgendwie musste man ja auch Eiweiß zu sich nehmen, wenn man schon kein Fleisch gegessen hat. Weil aber die Arbeit an der Schule körperlich sehr anstrengend war, hat sich plötzlich wieder doch Lust auf Fleisch eingeschlichen und ich hab's erst mit Spaghetti Bolognese probiert und dann und wann mit einem Salamibrot. Am Ende der Schulzeit hab ich überhaupt nur noch Pfeffersteak gegessen. Fast täglich."

Die Ente wird serviert und das Schnitzel, dazu eine Flasche vom Roten, die der Chef für uns ausgesucht hat. Die Ente fällt vom Knochen, so zart ist das Fleisch, die Erdäpfelknödel kommen ohne Grieß aus und im Rotkraut ist exakt jene Prise Zimt drinnen, die reingehört. Nicht zu wenig, nicht zu viel. Ein Hauch. Und Rudi ist mit seinem Schnitzel glücklich.
Ich drehe das Diktafon ab. Was jetzt noch kommt, beschließe ich, das werde

Serviert der Chef, freut sich die Gastwirtschaft.

Peter Lotz, der Koch, ist ein Meister seines Faches. Und der Wirt ein Wein-Experte. Ein gutes Gespann also.

ich mir merken. Etwa die Geschichte, wie Vitasek, ein bekennender Jamie-Oliver-Fan übrigens, einst wegen eines Bühnenstücks mit dem Tennisspielen begann und wegen desselben Stücks einen Städteflug buchte.
Das mit dem Flug kam so: Vitasek spielte gemeinsam mit Camillo Schmidt in der zweiten Hälfte der 1980er das Stück *Der Büchsenöffner*. Und wenn die beiden, so ihr Vorhaben, nach der Premiere in einem gewissen Zeitraum eine gewisse Anzahl an Zuschauern ins Theater locken könnten, dann würden sie sich belohnen, nach Paris fliegen und dort zwei Flaschen *Château Mouton Rothschild* trinken.
„Und so war's dann", erinnert sich Vitasek. „In Paris angekommen, haben wir uns ein billiges Hotel gesucht, die zwei Flaschen gekauft, dazu auf dem Markt Gänseleber, und dann sind wir in der Nacht in unserem Hotelzimmer gesessen, haben Gänseleber gegessen und *Château Mouton Rothschild* getrunken. Und zwar aus Plastikbechern."
Das mit dem Tennis wiederum spielte sich folgendermaßen ab. Manager Georg Hoanzl hatte den Auftrag, für Vitasek und Schmidt eine Tournee zu organisieren, die sie nur in Städte führte, in denen man nach der Vorstellung in einem Haubenlokal noch etwas zu essen bekam. „Das tägliche Essen am späten Abend und die großen Mengen hatten zur Folge, dass wir binnen kürzester Zeit unglaublich blad wurden", erzählt Vitasek. „Also hat mir Camillo, der das gut konnte, Tennisspielen beigebracht. Jeden Nachmittag, damit wir nicht noch fetter wurden. Das wäre nämlich insofern äußerst kontraproduktiv gewesen, als es im *Büchsenöffner* darum geht, dass zwei Leute in einem Bunker sitzen und dort zu verhungern drohen."

„Wo parkt ihr mit dem Auto?", fragt Vitasek, als wir gegen halb neun auf der Straße stehen.
„Hundert Meter weiter stadteinwärts. Sollen wir dich mitnehmen?"
„Nicht nötig, danke, ich geh gern noch ein bisserl. Und euch würde ich noch einen Schlummertrunk im *Posthorn* empfehlen."
„Was ist mir dir?"

„Ich hab versprochen, zu Hause zu sein, bevor der Nachwuchs ins Bett gesteckt wird. Ein andermal gern."
Und dann verabschieden wir uns.

Minuten später stehen Rudi und ich im knallvollen *Posthorn* an der Schank und bestellen zwei kleine Bier. Und wen erblicke ich im Nebenraum mutterseelenallein vertieft in die Speisekarte an einem Vierertisch sitzend? Die Schauspielerin Marion Mitterhammer, eine liebe Bekannte von mir. Und da ich gerade einen Fotografen samt Ausrüstung zur Hand habe, denke ich mir, dass sich ein weiteres Kapitel für dieses Buch möglicherweise sogleich von selbst ergibt.

Mit der Schauspielerin **Marion Mitterhammer** in Winklers **„Zum Posthorn“**

Kennst du die Marion Mitterhammer?“, frage ich.

Rudi kramt nach seinen Zigaretten. „Die Schauspielerin?“
„Ja.“
„Ja.“
„Die sitzt da drüben.“
„Oh.“
„Ich geh sie begrüßen.“
„Du kennst sie privat?“
„Ja.“

„Störe ich, junge Frau?“
Marion, vertieft in die Speisekarte, schaut überrascht auf und schenkt mir ein wunderbares Lächeln. „Achim, Hallo!“
„Grüß dich.“
Bussi links, Bussi rechts.
„So allein?“
„Das bin ich sehr gern. Und du?“
„Ich bin mit einem befreundeten Fotografen da.“
„Habt ihr etwas zu besprechen?“
„Nicht wirklich.“
„Na dann ...?“
Ich hole Rudi, stelle die beiden einander vor, und schon sitzen wir zu dritt am Vierertisch im Nebenraum, in dem man rauchen darf.
„Bist du öfter hier?“, fragt Marion.
„Zum ersten Mal. Du?“
„Auch, aber ich hab mich schon beim Reinkommen in dieses Wirtshaus verliebt. Sind euch draußen die Lampen und Luster aufgefallen?“
Ich drehe mich um und lasse den Blick schweifen. Tatsächlich, oberhalb der Schank und oberhalb der Tische hängen lauter verschiedene Leuchter. Alte, weniger alte, kitschige, wunderschöne, einfärbige und bunte.
„Äußerst originell“, sage ich. „Und wie kamst du auf dieses Lokal?“
„Der Andi Vitasek hat es mir irgendwann empfohlen.“
Ich lache auf. „Das gibt's nicht! Uns auch. Vor zehn Minuten. Wir waren gerade in einem Wirtshaus in der Nähe mit ihm essen.“
Und dann erzähle ich die Geschichte vom Buch.
„Na gut“, sagt Marion sehr entschlossen, „dann erkläre ich dieses Lokal ab sofort zu einem meiner Wiener

Es wurde Licht, und das kam so: In grauer Vorzeit schenkten Stammgäste der früheren Besitzerin Luster. Und die hängte sie auf.

Lieblingswirtshäuser und mache mit. Sofern man gut isst, aber mein Bauch sagt mir, dass dem so sein wird. Außerdem bin ich ein Wirtshauskind, und da das Wirtshaus meiner Oma *Zur Post* geheißen hat und dieses hier *Zum Posthorn* heißt, scheint das ein Wink zu sein."

Marion reicht uns die Speisekarte über den Tisch. „Ich weiß schon alles", sagt sie.

„Und?"

„Ich muss erst den Wirt fragen."

„Und wir?", frage ich Rudi und denke an die wunderbare Ente von vor gut zwei Stunden. Die liegt mir zwar keineswegs schwer, aber immer noch im Magen.

„Wir könnten uns was teilen", sagt Rudi.

„Schweinsbraten?"

„Okay, aber morgen ist dann Nulldiät."

Der Wirt kommt. Ich kläre ihn auf, dass (und warum) der ältere Herr mit dem Schnurrbart an meiner Seite gleich ein bisserl fotografieren wird. Der Wirt freut sich und stellt sich als Walter Winkler vor.

„Was soll ich denn essen?", will Marion von ihm wissen. „Nach der Leberknödelsuppe meine ich. Geröstete Leber oder Backhendl?"

„Die Leber", entscheidet der Chef. Um einige Zeit später zwischen Suppe und Leber eine Miniportion vom Backhuhn zu servieren. Ob er das, frage ich mich, auch bei einem weniger prominenten Gast machen würde? Zuzutrauen,

gebe ich mir als Antwort, wäre es ihm. Marion schwärmt. Das wäre so ganz das ihre. Das Essen – glänzend, das Ambiente – urig, der Geräuschpegel – lebendig. Und dann erzählt sie von den Gerüchen, die sie bis zu ihrem zehnten Lebensjahr im Gasthaus der steirischen Oma in Mitterdorf im Mürztal begleitet haben, ehe sie nach der Trennung der Eltern ins Internat im Burgenland gesteckt wurde. Erzählt vom köchelnden Gulasch im großen Topf und von frisch geschnittenen Zwiebeln und vom Duft, den es herüber wehte aus der Bäckerei nebenan. Und davon, dass sie schon als kleines Mädchen ersten (Bühnen-) Applaus ernten durfte. „Wenn am Sonntag der Landeshauptmann da war oder eine Hochzeit oder eine Taufe gefeiert wurde, immer hat man die kleine Marion vorgeschickt und die hat dann Gedichte aufgesagt. Und oft bin ich einfach nur unter den Tischen gesessen, habe hervorgelugt und die Leute beobachtet. Den Pfarrer, den Bäcker, den Fleischer. Und gelauscht habe ich, und das hat mich geprägt. Es war das Paradies, und noch heute glaube ich an die

Wahrhaftigkeit des Wirtshauses."
Und damals schon, sagt sie, will sie gewusst haben, dereinst Karriere als Schauspielerin zu machen. „In Zeitschriften wie der *Bunten* und wie sie alle hießen, hab ich die Bilder von Frauen wie der Marilyn Monroe oder der Hildegard Knef gesehen, ohne natürlich genau zu wissen, was die machten, aber ich wollte später auch so eine werden. ‚Nix da', haben die anderen gesagt, ‚du wirst einmal die Wirtin'."
Nix da, Klein-Marion sollte Recht behalten. Und unmittelbar nach der Matura schaffte sie die Aufnahmeprüfung auf die Schauspielschule in Graz quasi im Vorbeigehen.

„Und warum", frage ich und erinnere mich an den Beginn des Gesprächs, „sitzt du gern allein beim Wirten?"
„Weil ich kein Herden- und kein Rudeltier und in Wahrheit schüchtern und scheu bin. Außerdem bin ich in meinem Beruf oft mit Oberflächlichkeit konfrontiert. Da muss man, wenn man das nicht mag, lernen, auch allein sein zu können. Und zu wollen. Nächtelanges Herumsitzen mit Kollegen an der Hotelbar nach einem Dreh, das brauch ich nicht. Außerdem trinke ich nicht, wenn ich drehe oder Theater spiele. Nur wenn ich nicht arbeite, greife ich hin und wieder gern in die Vollen."
Da kommt der Wirtssohn an unserem Tisch vorbei und Marion bestellt ein Glaserl jungen Wiener Weißen.
„Sonst auch alles in Ordnung bei Ihnen?"
„Wunderbar."
„Dessertwünsche?"
„Beim besten Willen nicht", sage ich. Auch Rudi schüttelt den Kopf, nur Marion überlegt ganz kurz, um schließlich doch auch wunschlos glücklich zu sein.
„Nach Hause kommen ist wunderschön", sagt sie plötzlich und gibt, was nur selten vorkommt bei ihr, Einblicke in ihr Privatleben. „Ich habe seit längerer Zeit einen Freund, mit dem ich nicht zusammen lebe und der sehr gut kocht. Und wenn ich nach Wochen des Drehens oder Theater Spielens wieder nach Wien komme, finde ich im Tiefkühler immer ein Gulasch vor oder ein Lammragout oder andere tolle Sachen."

Vater und Sohn, Walter und Clemens – guter Geschmack scheint vererbbar.

„Und die isst du dann ganz allein?“
„Wenn er nicht da ist, ja. Und dann decke ich den Tisch für mich, und zwar sehr schön, denn man muss den Dingen den Wert geben, den sie verdienen.“

Inzwischen hat sich das Lokal ein wenig geleert und der Chef ein paar Minuten Zeit. „Wollen Sie sich nicht ein bisserl zu uns setzen?“, fragt Marion.
„Gern“, sagt er. Und bestellt beim Sohn ein kleines Bier.
„Quasi Familienbetrieb“, sage ich und der Patron nickt. Sohn Clemens macht die Lehre beim Vater, Tochter Sophia studiert zwar Jus, hilft aber auch immer wieder im Service, und Winklers Frau Andrea ist für die süßen Sachen verantwortlich.
Barkeeper im *Roten Engel* war er, der Chef, der Jahrgang 1962 ist. Zehn Jahre lang. Dann hat er, mit 34, Anteile am schwer verschuldeten *Plutzerbräu* gekauft und den Laden innerhalb von drei Jahren saniert. Wieder blieb er insgesamt zehn Jahre, ehe er als Geschäftsführer das ebenfalls schlecht gehende *Österreicher im MAK* binnen 24 Monaten auf Schiene brachte.
„Als diese Mission erfüllt war, war ich auch schon wieder weg und bin zum *Mayer am Pfarrplatz.* Aber in Wahrheit stand mir der Sinn schon seit Jahren nach Kleingastronomie, und als ich eines Tages an diesem Lokal hier vorbeispaziert bin, was oft vorkam, da ich ums Eck wohne und oft auch hier zu Gast war, und gesehen habe, dass es plötzlich zu hatte, wurde ich stutzig.“
Der langen Schreibe kurzer Sinn: Winkler hat sich schlau gemacht, im November 2008 einen Vertrag unterschrieben, den *Mayer* nach nur drei Monaten wieder verlassen, hier zu renovieren begonnen und am 16. März 2009 hat er schließlich das Posthorn zur Eröffnung geblasen.
„Und woher kommen all die verschiedenen Lampen?“, fragt Marion.
„Aus einer Zeit, als dieses Lokal ein Kultlokal in Wien war und Leute wie der Qualtinger, der Oskar Werner oder der Hundertwasser nächtelang am Stammtisch saßen. Als ich 17 war, war ich das erste Mal hier drinnen. Die Wirtin hieß Steffi, das Lokal *Steffis zum Posthorn,* und die Lampen waren Geschenke von Stammgästen, weil Steffi Lampen gesammelt hat. Und zum Glück haben ihre Nachfolger und meine Vorgänger die Lampen hängen lassen.“
„Und sie haben ihres gefunden“, sagt Rudi. „Ihr Glück.“
„Das kann man wohl sagen. Endlich bin ich das, was ich immer sein wollte. Ein richtiger Grätzelwirt, ein kleiner Dorfwirt mitten im Botschaftsviertel, ein sozialer Brennpunkt.“

Bei einem vom „Dorfwirt“ selbst angesetzten Nussschnaps besiegeln wir schließlich das Du und versichern ihm, dass dieser zufälligen Premiere noch zahlreiche gewollte Vorstellungen folgen werden.
Herzlichen Dank an dieser Stelle übrigens dem Anci Vitasek.

Und da mir jetzt partout kein Schlusssatz einfallen will, erzähle ich Ihnen einfach noch, was Marion Mitterhammer zum Frühstück trinkt: Nescafé mit Honig nämlich.
Süß irgendwie.

Täglich Torte und Steaks aus der Puppenküche

Mit Hotelbesitzerin **Bettina Steigenberger** und Sport-Manager **Ronnie Leitgeb** im **„Zu den drei Hacken“**

Essen“, sagt Ronnie Leitgeb, „darf nicht mit Arbeit verbunden sein“. Da lacht seine Frau, weil sie weiß, wie er’s meint.
Ich hingegen bin insofern verwundert, als ich weiß, dass im Hause Leitgeb-Steigenberger sehr viel und sehr gut und sehr oft auch für sehr viele Gäste gekocht wird. „Ist Kochen keine Arbeit?“, frage ich, der auch schon einmal das Vergnügen hatte, von Bettina Steigenberger kulinarisch verwöhnt zu werden.
„So mein ich’s nicht“, sagt Ronnie. „Mit Arbeit meine ich, dass du mir den allerbesten Fisch der Welt kredenzen kannst, aber wenn da auch nur drei Gräten drin sind, die ich mühsam raus operieren müsste, dann ist das Thema schon durch für mich. Ich mag es auch gar nicht, wenn ich irgendein Fleisch von einem Knochen runterfiezeln muss. Und Fondue ist überhaupt die dümmste Art, Nahrung zu sich zu nehmen.“
„Aber“, wirft Bettina ein, „für die Hausfrau natürlich praktisch ohne Ende.“
„Ich mag es trotzdem nicht.“
Jetzt ist mir auch klar, warum Ronnie das Kürbisgulasch bestellt. Da reicht ein stinknormaler Löffel und er muss nicht einmal irgendetwas schneiden. Und damals, als ich zu Gast war bei den beiden, wurde „normales“ Gulasch serviert, das so weich war, dass man die Fleischstücke mit der Gabel zerteilen konnte.
Das Kürbisgulasch besteht den strengen Geschmackstest übrigens nur bedingt. „Ich bin von meiner steirischen Groß-

Urig, wie man sich ein uriges Wirtshaus vorstellt. Und deshalb fühlen sich Steigenberger und Leitgeb in den Hacken so wohl.

mutter verwöhnt“, sagt Ronnie. „Denn ihres war, wie so vieles von allen Omas dieser Welt, selbstverständlich das weltbeste“.
Bettina hingegen isst faschierte Laberl vom Wild und ist verzückt. „Die sind ein Gedicht.“ Mein Gamsragout ebenfalls, und Rudi genießt seine geröstete Leber andächtig, schweigsam und mit einem seligen Lächeln.

Wir sitzen im Wirtshaus *Zu den drei Hacken* im ersten Bezirk. Hier sollen schon Franz Schubert gespielt, Johann Nestroy rezitiert und Ludwig van Beethoven einfach nur gespeist und Wein getrunken haben. Nestroy verewigte dieses Lokal darüber hinaus in einem seiner berühmten Couplets. Und irgendwie sieht es immer noch so aus, als könnte einer aus diesem Trio jeden Moment bei der Tür hereinkommen, so sehr wurde und wird die gute alte Zeit hier kultiviert. Dunkles, altes Holz, knarzender Boden, eine Schank wie aus dem Museum und ein Jung-Kellner im zu großen Sakko. Ein „Schani“, wie es in Wien so schön heißt. Einer, dem der Schanigarten

Im Extrazimmer

seinen Namen zu verdanken hat, den es in Wien offiziell seit 1750 gibt. „Schani, trag den Garten ausse“, befahl der Chef seinerzeit dem jungen Burschen, ein paar Gartenmöbel vor das Lokal zu stellen, wenn der Himmel blau und es warm genug war. Und Garten musste es auch nicht zwingend einer sein, es reichten ein paar Meter Gehsteig, so wie auch vor den *Drei Hacken* kein Gras wächst, von einer ganzen Wiese ganz zu schweigen.

Bloß warum das Wirtshaus *Zu den drei Hacken* heißt, weiß keiner. Obwohl, das stimmt nicht so ganz. Offenbar heißt es

Im Schankraum

deshalb so, weil auf der Fassade des alten Hauses einst drei Hacken prangten. Nur was es mit denen auf sich hatte, das ist und bleibt ein ungelöstes Rätsel.

„Keine Ahnung", sagt auch die Chefin mit dem wunderbar nach Wirtin klingenden Namen Josefine Zawadil. Die ist zudem bekannt als eine der profiliertesten Wiener Weinhändlerinnen, was auch den auf hohem Niveau gefüllten Weinkeller erklärt.

„Bei uns zu Hause", erzählt Leitgeb zwischen zwei Bissen Kürbisgulasch, „hat es jeden Tag, wirklich jeden Tag, einen

frischen, natürlich selbstgebackenen Kuchen gegeben. Oder eine Torte. Und Sterzpfannen mit allem, was so reingehört in einen Sterz, waren als Gabelfrühstück keine Seltenheit. Und es gab kein Schnitzerl oder Backhendl, das nicht im Schmalz herausgebacken wurde."
„Worin sonst?", fragt Bettina. „Es sollte und soll ja schmecken. Auch wenn das nicht unbedingt rasend gesund ist."
„Ich hatte ja auch viele Jahre Probleme mit der Galle. Vermutlich waren die anerzogen."
Heute ist Ronnie Leitgeb ein leidenschaftlicher Nicht-Weggeher. „Wenn man 16 Jahre lang als Tennis-Coach und Manager auf der ganzen Welt unterwegs ist und täglich bis zu dreimal in einem Restaurant essen muss, dann reicht's einem irgendwann."
„Drum komme ich zu Hause dran, aber ich liebe das. Im Schnitt stehe ich bis zu zwei Stunden in der Küche – und das nicht selten täglich. Nur für den Ronnie und für mich. Und wenn wir Gäste haben, dann sind es manchmal zwei Tage am Stück, inklusive Einkaufen. Das ist herrlich, und wenn man sich nicht

selbst unter Stress setzt, dann ist es sogar Entspannung pur." Und dann erzählt Bettina von ihren Anfängen als Köchin, die zurückreichen in eine Zeit, als sie fünf Jahre alt war.
Als jüngstes von sechs Geschwistern „erbte" sie eines Tages eine Puppenküche, die auch tatsächlich zum Kochen geeignet war. Wenn auch auf elektrischer „Sparflamme", damit sich die Kleinen keine Brandwunden zuziehen konnten. „Und da es bei uns zu Hause am Sonntag zu Mittag aus Diätgründen nie etwas zu essen gab, habe ich aus der Küche von Steaks kleine Stücke herunter geschnitten und einen oder zwei Erdäpfel geklaut und dann meine Eltern genötigt, zu mir zum Essen zu kommen. Da gab's dann zähes Fleisch und halbgare Erdäpfel, aber ich war begeistert von mir und habe mein Leben lang nicht mehr aufgehört zu kochen."

Inzwischen wurden Mohnnudeln serviert, hervorragende übrigens, und die bedeuten für Ronnie nur insofern Arbeit, als man nach dem Genuss einen Zahnstocher braucht, um den Mohn zwi-

schen den Zähnen wieder loszuwerden. Und wenn der leidenschaftliche Nicht-Weggeher dann doch weggeht, warum dann ins Wirtshaus?
Die Antwort gibt sie. „Wenn wir weggehen, haben wir es gern wie zu Hause, deshalb. So gern wir ab und zu auch in den teuren und guten Schicki-Micki-Restaurants sind oder oft auch sein müssen, hier im Wirtshaus genießt man eine gewisse Anonymität. Man braucht sich zudem nicht aufzudonnern, und wenn man sich anpatzt, dann ist der Schaden nicht so groß. Außerdem bekommen wir im Beisl auch unsere Lieblingsspeisen."
„Und die wären?"
„Kalbsbutterschnitzel", sagt sie. „Und Kalbsbutterschnitzel bekommst im Luxustempel selten."
„Geröstete Knödel, und die bekommst im Luxustempel noch seltener", sagt er. „Grundsätzlich bin ich nicht heikel und esse im Prinzip alles. Und alles auf. Auch wenn es mir nicht unbedingt schmeckt. Bei mir wirst du es nie sehen, dass ich etwas stehen lasse. Das ist mein Beitrag zum Hunger in der Welt."

Was im ersten Moment zynisch klingt, ist in Wahrheit nichts anderes als ein Argument gegen die Vergeudung und unterstreicht Leitgebs Respekt vor Lebensmitteln.
Leitgeb isst nicht nur auf, er isst vor allem schnell auf. Auch das nicht wirklich berauschende Kürbisgulasch.
„Aber im Gegensatz zu den Fress-Schluckern unter den Sportlern, mit denen ich unterwegs war und ab und zu immer noch bin, esse ich in Zeitlupe."
Bettina grinst: „Zeitlupe also?"

Und jetzt muss er weg, obwohl er gern noch bliebe. Und sie nicht minder. „Ein Essen gemütlich ausklingen lassen mit noch einer Flasche Wein, das hat was, das bedeutet Lebensqualität."
Und wer weiß, vielleicht käme ja auch, säße man noch ein Stünderl oder zwei, der Nestroy tatsächlich noch vorbei.

Die österliche Extrawurst und der eigene Stammtisch

Mit **Hans Krankl,** Torschütze a. D. und Legende, im Gasthaus **„Zum Obermüller"**

Möchte man Hans Krankl gleichsam zufällig über den Weg laufen, dann braucht man nur zu einem Rapid-Heimspiel zu gehen oder auf ein Rockkonzert irgendwo in der Gegend, im Idealfall auf ein Konzert von *U2*. Gut, letzteres passiert bekanntlich nicht alle Tage, aber es gibt noch eine dritte Möglichkeit, dem einst gefeierten Helden vor dem Tor von Angesicht zu Angesicht zu begegnen.

Zu diesem Behufe reist man nach Meidling, dorthin also, wo das berühmte und auch in Krankls Wienerisch tief verwurzelte „L" zu Hause ist, und geht ins Gasthaus *Zum Obermüller* nahe dem Haupteingang des Südwest-Friedhofs. Dort hat Hans Krankl einen Stammtisch. *Seinen* Stammtisch. Der ist mittels einer vom ehemaligen Goleador höchstpersönlich signierten Tafel an der Wand auch als solcher gekennzeichnet. Vorzugsweise an Freitagen speist Familie Krankl, ab und zu auch mit Freunden, an diesem Tisch gebackenen Fisch. Kabeljau etwa, der wird im Hause Krankl seit vielen, vielen Jahren auch am Heiligen Abend kredenzt. „Ich bin ein großer Freund solcher Traditionen", sagt Johann K.

Den beim *Obermüller* paniert in der Küche Köchin Edith, eine Polin, die die Wiener Küche im kleinen Finger hat, und serviert wird er von einer jungen Dame namens Michaela, die den prominenten Gast liebevoll „Onkel Hans" nennt. Was daran liegt, dass Krankl tatsächlich selbiger ist.

Michaela schupft den Laden. Gehören tut er Peter Schuster, der allerdings ist Blumenhändler und hat mit Gastronomie nicht wirklich was am Hut, außer dass er ein Wirtshaus be- und oft auch selber drinnen sitzt.

„Früher", erzählt Schuster, war hier eine Wiese und auf dieser Wiese befand sich ein Würstelstand. Vor 25 Jahren wurde schließlich gebaut, dieses und das Nebenhaus, in dem sich auch mein Blumengeschäft befindet. Vor fünf

Der Obermüller – ein Wirtshaus, in dem das Wort „Spiegeltrinker“ eine andere Bedeutung bekommt …

Edith kocht, Michaela serviert, und Hans lächelt sehr zufrieden ...

Jahren hab ich die beiden Gebäude dann von der Gemeinde Wien gekauft, und als die Chefin vom Wirtshaus in Pension ging, hat es die Michaela übernommen, und wir haben ein bisserl umgebaut. Das war im Sommer 2009."

Groß ist es nicht, das Lokal, durchaus liebevoll eingerichtet und rund 45 Plätze nur, und groß ist auch die Karte nicht. Schnitzel gibt's und Gulasch, tadelloses übrigens, keines mit der Basissauce aus dem Packerl. Hausmannskost eben und täglich ein Menü. An diesem Tag ist es Karfiolcremesuppe und Eiernockerl, und beides lässt sich Krankl schmecken.

„Ich bin ein heikler Hund'", gibt der Stammtischbesitzer unumwunden zu. „Ich esse unglaublich viele Dinge nicht. Innereien zum Beispiel, auch Wild nicht oder Meeresfrüchte. Das liegt vielleicht daran, dass ich mit einer zwar sehr guten, aber auch recht einfachen Küche aufgewachsen bin. Die Mama hat häufig Schnitzel gemacht oder Fleischlaberl und sehr oft hat es auch Gemüse gegeben. Fisch mag ich allerdings, bloß muss er gut filetiert und mehr oder weniger zu hundert Prozent ohne Gräten sein. Seezunge, Coda di Rospo oder Rombo, herrlich. Aber selber zerteilen tu ich sie nicht."

Dass Krankl Coda di Rospo sagt und nicht Seeteufel und Rombo und nicht Steinbutt, lässt schon erahnen, dass er sich häufig und gern in Italien aufhält, eigentlich ausnahmslos in Jesolo, das fast schon so etwas wie eine zweite Heimat ist.

„Dort habe ich", erzählt er, „einen Freund namens Paolo, der eine Bar auf der Piazza Milano betreibt. Vor vielen Jahren hat Paolo, den sie auch ‚Cavallo pazzo' nennen, ‚verrücktes Pferd' also, meine Frau und mich am Ostersonntag zu einem großen Fest eingeladen. Wir beide und ein deutsches Paar waren die einzigen Nicht-Italiener, es war also eine große Ehre, dabei sein zu dürfen. Da wurde dann von Mittag bis in den späten Nachmittag hinein gegessen und getrunken und gelacht, aber ich hab mich in erster Linie mit Weißbrot vollgestopft, weil nichts dabei war, was mir geschmeckt hätte. Lamm zum Beispiel, aber Lamm ist auch nicht meines. Und die Fische waren auch die falschen. Obwohl ich zu meiner Ehrenrettung sagen muss, dass ich mich in Sachen Fisch schön langsam bessere. Ich probiere immer öfter welche, die ich noch nie zuvor gegessen habe und muss zugeben, dass mir die auch immer öfter eine kulinarische Freude sind."

Aufgrund der Vielzahl an Gästen und ob des regen und bunten Treibens fiel es an besagtem Ostersonntag nicht wirklich auf, dass Krankl quasi jeden der gut zehn Gänge verweigerte. Ergo wurde die Einladung auch im Jahr darauf ausgesprochen, da allerdings hat er sich dann „geoutet".

„Kein Problem", meinte Paolo, „dann gibt es für dich eben Pasta." Und so bekommt der heikle Hund aus Wien in Jesolo seit Jahren Spaghetti aglio e olio als österliche Extrawurst.

Etwas übrigens, was sich Krankl, so einfach es auch auf einen Teller zu zaubern ist, nie selbst zubereiten würde. „Weil ich das schlicht nicht kann. Wenn du mich in eine Küche stellst, bin ich mehr oder weniger hilflos und vollkom-

An Krankls eigenem Stammtisch: Dort sitzen zu dürfen, ist eine Ehre. Herr Hans, ich danke sehr herzlich!

men verloren. Ein Butterbrot könnt ich mir zur Not schmieren, vielleicht auch noch ein Radl Wurst drauflegen. Aber damit hat es sich auch schon. Eventuell könnte ich mir noch einen Tee brauen, allerdings müsste ich nachfragen, wie lang man das Sackerl drinnen lassen muss im kochenden Wasser."

Die Eiernockerl sind übrigens verschlungen, kaum dass sie serviert wurden. Und Krankl fällt auf, dass es mir auffällt. „Meine Frau sagt auch immer, ich soll nicht so schaufeln. Aber", fügt er entschuldigend hinzu, „das heißt nicht, dass ich nicht genießen würde".
„Magst einen Nachschlag, Onkel Hans?", fragt Michaela.
„Danke nein, die Portion war riesig genug. Aber noch ein Cola wäre fein."
„Alkohol nie oder nur selten?", frage ich.
„Selten. Gern einen guten Rotwein, ab und zu auch einen Weißen. Drum geh ich auch so gern in *Rudis Beisl*, weil der Rudi nicht nur ein genialer Koch ist, sondern auch wunderbare Weine hat. Und eine Speisekarte, die ich versteh. Ich mag es nämlich gar nicht, wenn man für eine Speisekarte im feinen Restaurant fast schon ein Französisch-Wörterbuch braucht, um sich halbwegs auszukennen. Siehst", sagt Krankl, „den Rudi hätte ich auch vorschlagen können."
„Der wäre aber", sage ich, „schon vergeben gewesen". Und freue mich sehr auf das morgige Treffen mit dem Pianisten Rudolf Buchbinder.

Schimmelkäs statt Mascarpone, Eiklar statt Eigelb und eine Liebe, die nicht durch den Magen geht

Mit dem Pianisten **Rudolf Buchbinder** und seiner Frau **Agi** in **„Rudis Beisl“**

Das Lokal ist winzig klein. Keine zwei Schritte hinter der Tür steht schon die Schank (im Weg), und schlängelt man sich weiter nach rechts in den Hellas-Tavernen-blauen Raum, drängeln sich die Sesseln Lehne an Lehne und die wenigen Tische Kante an Kante. Bis auf einen, einer steht abseits. Gleich wenn man reinkommt links, ein Sechsertisch allein im Eck.

Christian Wanek ist Rudi. Und ein begnadeter Koch.

Für viele ein Stammtisch, wenngleich nicht explizit als solcher ausgewiesen. Aber wenn das Telefon klingelt und Herr Wer-auch-immer oder Frau Sowieso um einen der so raren wie begehrten Plätze bittet, dann weiß der Chef, was zu tun und wer wo zu platzieren ist. Da wird dann mitunter ein wenig rochiert, dort ein bisserl zusammengeschoben und da noch ein Sessel dazu gepfercht, schließlich will man ja alle unterbringen, und das zur jeweiligen Zufriedenheit.

„Der Vorteil eines so kleinen Lokals ist es, dass du fast nur noch Stammgäste hast. So gesehen kochst du Tag für Tag für Freunde und Bekannte, und das treibt dich an. Weil's einfach große Freude macht, zu sehen, wenn Freunde ihre Freud haben.“ Und insofern ist er der Arbeit in der ebenfalls sehr kleinen Küche immer noch nicht müde oder gar überdrüssig, obwohl sein Arbeitstag seit 1. März 2000 selten kürzer dauert als 18 Stunden – fünfmal die Woche – und er seit der Eröffnung vor zehn Jahren noch nie länger frei hatte als fünf Tage am Stück.

Er, das ist Christian Wanek, Jahrgang 1962, „verhinderter“ Schiffskoch und seit zehn Jahren Herr über *Rudis Beisl.* „19 war ich, da hat es mich wegen einer Urlaubsliebe nach Holland verschlagen. Und als die Liebe dann doch nicht so groß war, wollte ich auf ein Schiff und bin nach Rotterdam gefahren, um anzuheuern. Sie hätten mich auch genommen, aber im letzten Moment hat mich der Mut verlassen, denn ich hätte meinen Pass gegen ein Seemannsbuch

GAULT MILLAU
2010
FRANZ ANTON MAULBERTSCH
IMPRESSIONISMUS
BRUS & RAINER
ALBERTINA

Agi Buchbinder ist eine famose Köchin. Und Rudi ein famoser Esser …

tauschen müssen. Das war mir dann doch ein bisserl suspekt."
Viele Jahre und einige Stationen in Holland, Spanien und Österreich später landete Wanek, ein eingefleischter Rapid-Fan, schließlich als Koch im Lokal von Rudi Stark, einst Profi beim Erzrivalen Austria. Der erklomm den Gipfel seiner Popularität übrigens am 31. Oktober 1961, als er im Europacup-Heimspiel gegen Benfica Lissabon die Kugel aus 25 Metern zum 1:1 ins Netz donnerte. Im Archiv der Wiener Austria wird der Triumph des späteren Beislgründers so beschrieben: „Er warf sich zu Boden, küsste die Stelle, wo er seine Bombe abgefeuert hatte, und hörte dabei ein Toben, als täte sich die Erde auf."
„Zwei Jahre bin ich beim Rudi geblieben", erzählt Christian, „dann bin ich gegangen. Aber nicht, weil ich ein Grünweißer war und er ein Violetter, sondern weil ich etwas Eigenes wollte." Die beiden blieben Freunde, respektive befreundete Erzrivalen, und sie blieben die Jahre über stets in Kontakt. „Und ich hab ihm immer gesagt: Rudl, wennst irgendwann einmal verkaufst, ruf mich

an, ich nehm's, das schwör ich dir."
Und so geschah es dann auch. Und da *Rudis Beisl* längst eine Marke war in Wien, taufte es Christian auch nicht mehr um. „Dass mich dafür noch heute ab und zu einer Rudi nennt, damit kann ich leben."

Wir sitzen am Stammtisch. „Essen", sagt ein wirklicher Rudi, Rudolf Buchbinder nämlich, „ist ein ganz wesentlicher Bestandteil unserer Kultur, den man auf höchstem Niveau zu pflegen hat. Und Trinken ebenso."
Wobei es sich der weltweit gefeierte Pianist auch gar nicht leisten könnte, nicht auf höchstem Niveau zu speisen. Speziell in fernen Landen. „Weil man sich den Magen schnell verdorben hat, wenn man einfach im nächstbesten Restaurant auf die Schnelle irgendetwas in sich hinein schiebt. Und wenn man gerade auf Tournee in Japan oder Amerika oder sonst wo ist, dann wäre das fatal. Also erkundigen wir uns in den jeweiligen Städten immer nach den ersten Häusern am Platz. Dort kann natürlich auch etwas passieren, aber die Gefahr ist vergleichsweise gering."
In Wien aber, da zieht es die Buchbinders immer wieder in *Rudis Beisl*.
„Was wir in dieser Stadt an Wirtshauskultur haben, das findet man nirgendwo sonst auf dieser Welt", schwärmt der Connaisseur. „Und ganz besonders gut ist die von so vielen umliegenden Ländern beeinflusste Altwiener Küche in diesem Lokal." Und dann bestellt der

Blick-Kontakt: „Schaut gut aus, was du da isst...“ „Ist's auch ...“

(Geschmacks-)Virtuose ein paniertes Schnitzel vom Schwein, seine Frau Agi, selbst eine begnadete Köchin, einen Zwiebelrostbraten ohne Saft. Einen „Nichtschwimmer-Rostbraten“, wie er ihn nennt.

Eine begnadete Köchin war die gebürtige Ungarin allerdings nicht immer. Vielmehr war sie gar keine Köchin. „Ich kam nicht dazu, weil ich mich um meine Karriere gekümmert habe“, erzählt die ehemalige Pianistin, die schließlich auf eine Laufbahn am Flügel verzichtete, um die ihres Mannes hautnah mit(er)leben zu können.
„Wir haben“, sagt er und grinst, „aus Liebe geheiratet, und nicht, weil sie mich mit ihren Kochkünsten verzaubert hätte.“
„Diese Liebe“, ergänzt sie, „ging demnach nicht durch den Magen.“
Köchin wurde sie schließlich in erster Linie aus Neugier. „Weil ich wissen wollte, ob ich die wunderbaren Dinge, die man uns in so vielen Ländern dieser Erde kredenzt hat und immer noch kredenzt, zu Hause auch Zuwege bringe. Es war Learning-by-doing, und das notwendige Talent hatte ich offensichtlich.“
Ein Lernprozess, der freilich nicht immer ganz ohne Panne über die kulinarische Bühne ging. 35 Jahre, schätzt Agi, ist es inzwischen her, dass die Buchbinders in einem feinen italienischen Restaurant in Frankfurt erstmals in ihrem Leben ein Tiramisu vorgesetzt bekamen. „Wir waren hin und weg, und ich habe den Chef gebeten, mir das Rezept auf einen Zettel zu schreiben. Diesen Zettel habe ich übrigens heute noch. Als wir dann wieder in Wien waren, bin ich losgezogen, um die Zutaten zu kaufen und habe mich schließlich in die Küche gestellt.“
Das Endprodukt jedoch war ungenießbar, die Premiere geschmissen. „Weil es kein Mascarpone war, den sie mir verkauft haben, sondern Schimmelkäse. Und ich hab mir nichts dabei gedacht!“
Wenn sie sich heute in die Küche stellt, dann nicht selten, um bis zu 70 Personen zu verwöhnen – die Feste im Hause Buchbinder im 19. Bezirk in Wien sind legendär. „Da macht sie wirklich alles selbst“, staunt auch ihr Mann immer

Der Chef ist Rapidfan durch und durch – siehe links oben. Und auch Heinz Fischer war schon da.

wieder. „Und nicht nur die Speisen, selbst die Tischkarten und die Serviettenringe bastelt sie."
Und was macht er? „Er", sagt sie, „darf die Menükarten schreiben".
„Und den Wein suche ich aus."
Und das war's dann auch schon in Sachen Zur-Hand-Gehen, denn in der Küche wird Rudolf Buchbinder von seiner Frau ausschließlich als Verkoster geduldet. „Er könnte vermutlich nicht einmal Zwiebel schneiden."
„Einmal in meinem Leben", erinnert er sich, „habe ich mich in der Küche versucht, und das ging wahrlich gründlich daneben. Ein Weinchaudeau wollte ich zubereiten, an sich eine recht einfache Sache, doch habe ich Eigelb mit Eiklar verwechselt. Und seither steht eines in unserem Leben fest: Ich begebe mich nicht auf fremdes Terrain, sondern versuche, in meinem Beruf das Niveau zu halten. Und meine Frau in ihrer Berufung."

Und dann ordert Buchbinder noch ein kleines Bier. „Gar keinen Wein?", frage ich.
„Jetzt nicht, nein."
„Aber ich darf vermutlich davon ausgehen, dass Sie sowohl Wein-Liebhaber als auch -Experte sind."
„Man sagt", sagt Buchbinder, „aber einer mit eingeschränktem Horizont".
„Inwiefern?"
„Weil ich eine Histamin-Allergie habe. Die österreichischen Roten sind für mich nahezu alle tabu. Aber mit Chianti, Bordeaux und Rioja lässt es sich ja auch nicht ganz so schlecht leben."
„Und wie sieht's mit Weißweinen aus?"
„Da geht ausschließlich Grüner Veltliner. Rieslinge zum Beispiel sind völlig ausgeschlossen."
„Da sind Sie im Ausland aber ein bisserl arm dran."
„Stimmt. Aber ich weiß mir zu helfen."
„Und wie?"
„Ich trinke Rotwein."
Eigentlich eine logische Antwort, denke ich mir, und dann werfen wir noch einen Blick in die Karte. Tiramisu gibt es nicht, Weinchaudeau auch nicht. Aber die Palatschinken sind sensationell!

Die treue Seele im Kasperl-Treff in der stillen Straße im VIII. Bezirk

Mit der Schauspielerin und Sängerin **Marianne Mendt** in der **„Frommen Helene"**

Fromm war sie in Wahrheit ja nicht, die Helene. Im Gegenteil, faustdick hatte sie es schon im Jungmädchenalter hinter den Ohren, und im Nacken saß ihr der Schalk. Nachzulesen und anzuschauen in den 1872 erstmals publizierten 17 Kapiteln aus der Feder des genialen Dichters und nicht minder genialen Zeichners Wilhelm Busch, dem, wenn man so will, „Erfinder" des Comics.

„Es ist ein Brauch von Alters her, wer Sorgen hat, hat auch Likör ...", heißt es da zu Beginn des 16. Kapitels, in dem Helene, inzwischen nicht mehr Jungmädchen und nebst anderen Lastern längst auch dem Suff verfallen, schließlich hilflos verbrennt. Erst fällt im Rausche sie und in weiterer Folge auch die wackelig auf dem Tisch stehende Petroleumlampe.

Michael Vogel steht keineswegs wackelig hinter der Bar und zapft ein Bier, als Rudi und ich das Lokal betreten. Traditionell überpünktlich. Und dass Marianne Mendt sich ein bisserl verspäten wird, hat sie gerade telefonisch angekündigt. Also nützen wir den zeitlichen Spielraum, Rudi greift zur Kamera, ich zücke das Diktiergerät.
„Spätestens um Schlag zwölf ist es hier gedroschen voll", sagt Michael Vogel und zapft zwei weitere Seidl, eines für Rudi und eines für mich.
„Dann lass uns vor der Erstürmung noch rasch zur Sache kommen. Warum heißt die *Fromme Helene* so?"
„Das ist", sagt der Wirt, „eigentlich eine ganz banale Geschichte. Die Gründerin hieß Helene, Helene Fritsch. Das Wirtshaus befand sich damals noch woanders, und dass die Fritsch es ausgerechnet nach der Wilhelm-Busch-Figur benannt und sich im Logo des von Busch gezeichneten Kopfes der Helene bedient hat, war angeblich schlicht und einfach eine Laune. Wie es um ihre Frömmigkeit bestellt war, entzieht sich übrigens meiner Kenntnis." Oder er sagt es nicht, weil Wirte schließlich verschwiegen sind. Heißt's jedenfalls.

Vogel hat das Lokal, damals noch ein paar Hausecken weiter stadtauswärts beheimatet, 1992 übernommen. Und mit ihm seine Gäste. Viele Politiker und noch mehr Schauspieler. Politiker deshalb, weil Helene Fritsch vor unendlich vielen Jahren die Parlamentskantine führte und sehr beliebt war bei den

Michael Vogel, ein Künstlerkind, das gerne Wirt ist, und Marianne Mendt, eine Künstlerin, die gerne Gast ist

Damen und Herren Volksvertretern im Hohen Haus. Und Schauspieler wegen der unmittelbaren Nähe zum ehrwürdigen Theater in der Josefstadt.
Dass Michael Vogel Sohn der großartigen Getraud Jesserer, die seinerzeit ausgerechnet an der Josefstadt in Franz Molnars *Liliom* debütierte, und ihres bereits verstorbenen Kollegen Peter Vogel ist, sei an dieser Stelle nicht nur der Ordnung halber erwähnt. Zumal es ein sehr schöner Kreis ist, der sich hier im Josefstädter Grätzel schließt.
Er selbst, Jahrgang 1965 übrigens, hatte mit der Schauspielerei nichts am Hut. „Völlig unbegabt“ wäre er gewesen, außerdem „ein Saubub“, der sich bis ins Alter von 22 „im Grunde nur herumgetrieben hat“. Mit 22 ging er schließlich nach Berlin, weil er „weg wollte aus Wien“, arbeitete sich in der *Paris Bar* innerhalb von drei Jahren vom Abwäscher zum Barchef hoch, kehrte 1992 in die Heimatstadt zurück und beerbte, wie erwähnt, die ein wenig amtsmüde Helene in der gleichnamigen frommen, damals noch ein kleines Etablissement mit lediglich 30 Plätzen.

Von Artmann über Mendt bis Zednik, sie alle waren da und hängen nun an der Wand im Extrazimmer.

Als Ende 1999 das große, denkmalgeschützte Gebäude mit Namen *Zur goldenen Schale* aus dem Jahr 1806, gelegen Ecke Josefstädter Straße 15 und Lange Gasse 33, zur Miete zu haben war, nahm Vogel die Herausforderung an. Bis er an der neuen Adresse aufsperren konnte, vergingen allerdings noch zwei Jahre. „Es war ein Trümmerfeld, dieses davor drei Jahre stillgelegte Wirtshaus. Es musste wirklich alles neu gemacht werden. Nicht nur Einrichtung oder Küche, vom Gewölbekeller, wo wir heute regelmäßig Konzerte und Feste veranstalten, über Fenster und Böden bis hin zu den Installationen und sanitären Anlagen – es blieb, von der Fassade abgesehen, kein Stein auf dem anderen."
Die Ecke Lange Gasse/Josefstädter Straße, an deren Seite sich seit 1911 auch eine Fleischhauerei befand, diente Ödön von Horváth übrigens als Kulisse für die „Stille Straße im VIII. Bezirk" mit dem Geschäft des „Zauberkönigs" in

den *Geschichten aus dem Wiener Wald.* Und abermals schließt sich ein Kreis. Denn mit dem Lustspiel, das eigentlich eine Tragödie ist oder, wie Alfred Polgar meinte, „ein Volksstück und die Parodie dazu", verbindet Vogel und seine Familie auch so einiges. „Otto Schenk hat die *Geschichten* 1966 an den Münchner Kammerspielen inszeniert, mit meinem Großvater Rudolf Vogel als ‚Zauberkönig'. 1974 hat meine Mutter, Regie wieder Otto Schenk, in der Rolle der Marianne an der Burg debütiert und dafür die Kainz-Medaille bekommen. 1987 hat mein Freund und Trauzeuge Karlheinz Hackl den Alfred an der Burg gespielt und das Stück 1993 am Theater in der Josefstadt inszeniert, mit Schenk als ‚Zauberkönig'."

Sie alle, Schenk, Hackl, Jesserer und hunderte Mimen und Miminnen mehr, zieren in der *Frommen Helene* in Form von signierten und gerahmten Fotos die Wände im kleinen Extrazimmer, gleich wenn man reinkommt rechts.
„Tja, es ist eben ein Kasperl-Treff, die Helene", sagt Marianne Mendt wenig später und lacht, als wir gemeinsam mit ihrem Hund an einem Tisch im hintersten Eck sitzen und ich sie frage, warum sie ausgerechnet die *Fromme Helene* vorgeschlagen hat. Ein Mendt-Foto hängt hier, wie sollte es anders sein, natürlich auch an der Wand. „Außerdem isst man hier verlässlich gut. Wie auch schon in der alten *Helene,* also bin ich mit dem Michael mit übersiedelt. Ich bin eben eine treue Seele." Und dann bestellt die Sängerin und Schauspielerin, spätestens seit dem *Kaisermühlenblues* bis ins hinterste Wohnzimmer dieses Landes bekannt, das Menü. Erst eine klare Rindsuppe mit Einlage und danach ein gekochtes

Cool der Kaiser an der Schank, ein bisserl verschreckt der Hund von der Mendt

Rindfleisch mit Dillfisolen und gerösteten Erdäpfeln als Hauptspeise.
Ich schließe mich an und bereue es keinen Bissen, während Rudi einmal mehr auf unserer Tour durch Wiens Gaststätten eine geröstete Leber testet. Die den Test übrigens mit sehr gutem Erfolg besteht.
Mit Wirtshäusern kam die Mendt sehr früh in Berührung. „Ich bin", erzählt die früher bekennende Sperrstund-Macherin, „noch nicht einmal in die Schule gegangen, da hat mich die Mama im dritten Bezirk, wo wir gewohnt haben, schon ins Wirtshaus g'schickt, um den Papa zu holen. Das hab ich insofern geliebt, als jedes Mal ein Kracherl und ein Packerl *Manner* rausg'schaut hat. Und so hatten wir beide was davon, der Papa und ich. Ich wegen der Schnitten und der Papa, weil er noch ein paar Minuten rausschinden konnte."
Und an den Sonntagen ging's häufig raus aufs Land. „Stundenlanges Fahren mit der Bim hinaus nach Perchtoldsdorf, dann stundenlanges Hatschen, so jedenfalls ist es mir immer vorgekommen, aber dann gab es zur Belohnung ein

Schmalzbrot. Auch damit verbinde ich an sich nur schöne Erinnerungen, denn für mich waren diese Ausflüge ein bisserl die große weite Welt."
Bloß vom Pferdefleisch, wie in so vielen Haushalten auch im Hause Mendt in den Nachkriegsjahren aus Kostengründen zweimal die Woche auf dem Speiseplan, will sie heute nichts mehr wissen. „Pferdefleisch hat sich mit dem Ausziehen von Zuhause über Nacht erledigt. Vielleicht ist mir seither das eine oder andere Leberkässemmerl vom Ross passiert, aber selten wissentlich."
Leber liebt sie dafür, und Hirn mit Ei und Bries. „Dinge eben, die ich im Wirtshaus krieg." Und die sie nur selten selber kocht. „Ich greife schon immer wieder zu Topf und Pfanne, aber das muss dann ruckzuck gehen. Steaks zum Beispiel, und die möglichst blutig. Ich bin keine, die Stunden am Herd verbringt und große Dinge nach Rezept zubereitet. So eine war ich nie, so eine werde ich auch nicht mehr. Was sicher auch an meinem Beruf lag, denn wennst ein halbes Leben lang tingelst, dann gehst halt auch ein halbes Leben lang essen."
Und getingelt ist sie viel in ihrem Leben. 40 Jahre ist es nun her, dass sie als Interpretin des legendären, von Gerhard Bronner getexteten Hits *Wia a Glock'n* den Austropop „miterfunden" hat. 40 Jahre Karriere, 40 Jahre Wirtshäuser. „Da kam es durchaus ab und zu vor, dass man sich zu ziemlich später Stunde mit einem nicht mehr sehr verständlichen ‚Sssesssi' verabschiedet hat."
Grüße Sie.

Von Porter(hoch)house-steaks und einem Griff mit Folgen

Mit dem Musiker, Sänger und Entertainer **Mat Schuh** im Gasthof **„Zum Renner"**

Ab und zu nickt er ein, der Seniorchef, der ziemlich gewichtige. Sitzt im Schankraum am Stammtisch oder, wenn es warm ist, draußen im herrlichen Gastgarten, die Katze auf seinem Schoß, und macht ein kleines Tunkerl, wie's so schön heißt in Wien. Vornehmlich irgendwann dann, wenn das Mittagsgeschäft nachgelassen, das Abendgeschäft noch nicht angefangen hat und auch die Kellner zwischenzeitlich ein bisserl durchatmen können. Und immer wieder ist das ein Anblick, der einem ein erfreutes Schmunzeln entlockt.
Werner Renner heißt besagter Mann. Und der ist eine Institution. Wie auch sein Wirtshaus draußen in Nussdorf, am Platzl, wo der D-Wagen seine vorletzte Haltestelle hat, ehe er umdreht in der Zahnradbahnstraße und wieder ratternd Richtung Ring rollt.
Renners Großvater Johann, aus Böhmen stammend und Onkel des späteren Bundespräsidenten Karl, eröffnete das Gasthaus 1899. Wie es damals ausgesehen hat, davon erzählen ein paar Fotos von seinerzeit, die da und dort an den Wänden hängen. Heute sieht es vergleichsweise überladen aus, und dennoch haben Schankraum und Stüberl durchaus ihren Charme. Wenn man das mag. Und „überladen" ist das Stichwort, überladen sind nämlich auch die Teller, die Portionen unglaublich. Unglaublich groß und meist auch unglaublich gut. Das weiß ich, der ich nicht weit vom *Renner* wohne, das weiß auch mein Freund Matthias Schuh, kurz Mat genannt. Und deswegen sind wir hier, der Musiker und Entertainer, der den Swing, den Jazz und auch den Rock 'n' Roll im Blut hat, und ich.
„Seit ich mich von 100 auf unter 80 Kilo runter gehungert habe, sind Ausflüge wie dieser eine sehr seltene Ausnahme, aber ab und zu müssen sie einfach sein." Und dann bestellt er die halbe Ente mit Rotkraut und Erdäpfelknödel und als Vorspeise das kalte Rindfleisch mit einem Extra-Achtel Kernöl.

Fürs Rindfleisch ist der *Renner* berühmt, fast so berühmt wie für die riesigen Portionen. Fürs gekochte wie auch fürs gebratene. Und dafür, dass das Rindfleisch von wahrlich sagenhafter Qualität ist, sorgen die Wirtsleut persönlich, denn: Der *Renner* hat seine eigene Fleischhauerei, wo die guten Stücke bis zu drei Wochen im Reiferaum lagern, soll hei-

Gasthof Renner
Kloster
Andechs
RENNER
SCHINKEN
Wiener Küche

Mit der Chefin im Kühlhaus und auf Tauchstation im ausgelassenen Becken, in dem sonst die Forellen baden

ßen, dass nichts dem Zufall überlassen wird. Die Fleischerei ist übrigens nicht irgendwo ausgelagert, sondern befindet sich im Souterrain auf halbem Weg zwischen Schankraum und Gastgarten, direkt hinter dem Bottich, in dem die Karpfen und Forellen schwimmen, ehe sie frisch auf den Tisch kommen. Und ab und zu auch der Schuh, wenn gerade kein Wasser drin ist – siehe Bild.
Und sollten Sie jemals beim *Renner* das Porterhousesteak bestellen, dann werden sie verstehen, warum es ein Freund von mir in Porter*hoch*housesteak umbenannt hat: Fast zwei Kilo purer Genuss, je nach Wunsch auf den Punkt genau gebraten von Renners Tochter Susanne, der Küchenchefin.

„Ich bin übrigens auch ein großer Koch", platzt es plötzlich aus Matthias heraus, als er sein kaltes Rindfleisch im Kernöl badet. „Das Talent hab ich von meiner Mutter geerbt, und das Talent zu kultivieren habe ich beschlossen, als ich draufgekommen bin, dass man Frauen nicht nur durch Klavierspielen beeindrucken und in weiterer Folge mitunter auch verführen kann, sondern auch durch kulinarische Virtuosität."
Dann erzählt der Teilzeitwiener – sein Hauptwohnsitz liegt in Spanien – eine Geschichte, die meiner Lektorin beim Lesen zwar ein Grinsen ins Gesicht zaubern wird, und trotzdem wird sie mich fragen, ob wir sie wirklich drucken sollen. Ich werde darauf bestehen …
Also: Sommer war's und drückend heiß und Matthias stand in der Küche. Für den späten Nachmittag hatte sich eine flüchtige Bekannte angesagt, die die Wohnung nicht als flüchtige Bekannte

Renners Gaststube, ein bisserl überladen zwar, aber der Renner wär nicht der Renner, wär's nicht so ...

Tierische Tischgesellschaft ...

verlassen sollte. Und weil es eben so heiß war, trug der liebestolle Koch nichts weiter als einen dünnen Morgenmantel aus reiner Seide, drunter nichts und den Mantel offen.

„Als Vorspeise hatte ich mich für eine thailändische Suppe entschieden. Mit anständig viel Chili. Also hab ich Schoten geschnitten und auch ein bisserl Pulver zwischen den Fingern verrieben."

... und dann hat er sich an der falschen Stelle gekratzt. Der stechende Schmerz kam zeitverzögert, die geradezu abartige Schwellung trat ebenso nicht in der Sekunde auf. Doch während der Schmerz irgendwann nachließ, die Schwellung tat es erst am Morgen danach. Und so blieb an diesem Abend das Essen das Einzige, was wirklich scharf war.

Dass Mat Schuh mit Chili seither vorsichtig umgehen würde, ist ein Gerücht – was das Essen betrifft. Für ihn kann es nicht scharf genug sein. „Ich bin", sagt er, „quasi Chili-resistent. Wenn andere tränenden Auges um einen Feuerlöscher für ihren Gaumen und ihre Mundhöhle bitten, spüre ich noch immer nichts und würze kräftig nach. Der Schärfegrad von Chili wird bekanntlich in Scoville gemessen, benannt

nach dem amerikanischen Pharmakologen Wilbur Scoville. 16 Millionen sind demnach das allerschärfste, 400.000 hat ein Chilischnaps mit 80 Prozent Alkohol. Ich für meinen Teil vertrage bis zu 1,5 Millionen."
Damit Sie sich eine Vorstellung machen können: Ein handelsüblicher Pfefferspray zur Selbstverteidigung hat knapp zwei Millionen Scoville.
Und obwohl es mir schwerfällt, die nächste Geschichte hier nicht aufzuschreiben, die Matthias dem Rudi und mir erzählt hat – denn auch sie ist durchaus, wie soll ich sagen, *pikant* –, muss ich davon ablassen und Ihnen empfehlen, doch selbst danach zu fragen – „Spargel" ist das Stichwort. Themenwechsel also. Mats Ente war ein Gedicht, Rudis Backhuhn ebenso, für eine Person allerdings nicht zu bewältigen, mein Schweinsbraten famos und dito eine Kampfansage an das menschliche Fassungsvermögen. Und das Bier aus der Brauerei Andechs in Bayern trinkt sich wie Wasser.
Matthias allerdings trinkt G'spritzte. Und erzählt, dass er einst selbst Freizeitwinzer war „In den späten 1980er

RENNER
SCHINKEN
Beinschinken
im Schinkenspanner
handgeschnitten
Prager Schinken
ausgelöster Beinschinken
in Aufschnittmaschine
dünn geschnitten
Schinken-Presswurst
ausgelöster Beinschinken
in Aspik
Eigene Erzeugung
Nussdorferplatz 4

Winzerstüberl

Jahren habe ich mich im niederösterreichischen Oeynhausen angesiedelt, mit fünf Hektar Grund und einer Landwirtschaft mit Weinbau. Das war zwar eine unendliche Geldvernichtungsmaschine über ein paar Jahre, aber Spaß hat es trotzdem gemacht. Vor allem die rund 3500 Liter Wein pro Jahr."
„Für den Eigenbedarf, wie ich annehme", sage ich.
Matthias lacht. „Na ja, ab und zu hab ich mir schon ein paar Freunde eingeladen, sonst wär das nur schwer zu bewältigen gewesen in einer Saison!"
Am Nebentisch wird eine Malakofftorte serviert und wir wundern uns, dass die ältere Dame beim Anblick dieses süßen Riesentrums nicht sogleich vor Schreck in Ohnmacht fällt. Zumal neben ihr der Rest vom Schnitzel, in Wahrheit zwei Drittel, in der Alufolie auf den Heimweg wartet und sie vermutlich noch zwei oder drei Tage ernähren wird.
„Wir könnten uns zu dritt ein Stückerl Torte teilen", schlägt Rudi vor.
Matthias und ich verweigern. Wie auch den Schnaps den uns der Kellner ans Herz legt.
„Rollen wir uns dann zum Auto?", fragt Matthias. „Ich glaub, ich brauch zu Haus ein bisserl ein Schlaferl."
„Gute Idee", sage ich, und dann zahlen wir.
Der „alte" Renner sitzt am Stammtisch und schläft nicht.
Noch nicht.

Mit Siemens-Chefin **Brigitte Ederer** im Stadtgasthaus **„Eisvogel“** im Prater

Unmittelbar nachdem wir bestellt haben und unser Kellner irgendwo verschwunden ist, erschrickt Gitti Ederer. „Bringt uns der jetzt hoffentlich eh nicht das Kleine. Weil auf der Karte steht, dass es auch eine kleine Portion gibt.“
„Kann ich mir nicht vorstellen“, sage ich und stoppe einen anderen Kellner, der gerade an unserem Tisch vorbeikommt. „Könnten Sie dem Kollegen bitte sagen, dass Frau Ederer und ich unbedingt das große Szegediner wollen?“
„Selbstverständlich. Aber ich gehe nicht davon aus, dass der Kollege das kleine boniert hat.“
„Obwohl“, flüstert Ederer und beugt sich grinsend in meine Richtung, so, als wäre ich ein Auserwählter den sie ins Vertrauen zöge, „eigentlich sollte ich ja die kleine Portion essen. Weil erstens esse ich vorweg eine nicht ganz leichte Haxerlsuppe mit Kren und Majoran und an den Nachspeisen werd ich vermutlich auch kaum vorbeikommen.“
„Aber Frau Ederer ...“, sage ich und bemühe mich um Verwunderung im Ton.
„Nein, wirklich“, sagt sie, und das jetzt sehr energisch. „Weil, wenn ich tät, wie ich wollt, hätt ich 150 Kilo. Ich muss tatsächlich höllisch aufpassen. Aber wenn ich schon mal so wie jetzt in Ruhe und gemütlich sitze, dann denk ich mir sehr bald, was soll's?“

Zeit ihres Lebens war es nicht unbedingt die leichte Küche, die sie begleitet hat. Schweinsbraten, Schnitzel und Knödel bestimmten die Kindheit im 21. Bezirk, obwohl die frühere SPÖ-Politikerin und heutige Managerin und Siemens-Chefin aus sehr bescheidenen sozialen Verhältnissen stammt. „Aber sowohl meine Mutter als auch meine Großmutter, eine Bäuerin aus dem Weinviertel, haben sehr darauf geachtet,

Herbert Schmid (ganz links mit Ederer), berühmter Käsesommelier und einst im Steirereck, eröffnete den Eisvogel neu.

Gaumenfreude und Rauchvergnügen: Käse und Zigarren beim Eisvogel

dass gut und ausreichend gekocht wurde. Und das Wunderbarste für mich war, wenn ich mit dem Opa ins *Wirtshaus Wanko* in Großhaslau gehen durfte, denn da gab es immer ein paar Würstl und ein Traubi-Soda für mich." Sie selbst hat mit Kochen nichts am Hut. Sieht man von Waldviertler Knödeln ab, die beherrscht sie aus dem Effeff, zumal sie auch wenig so sehr liebt wie Knödel. „In jeder erdenklichen Form", sagt sie und rollt die Augen. „Aber in Wahrheit kam ich nie in die Verlegenheit, kochen zu müssen, weil ich den Wechsel von einer kochenden Mutter zu einem kochenden Mann vollzogen habe. Mit einem Intermezzo am Würstelstand, als ich mich als Studentin eine Zeit lang in erster Linie von Burenwurst und ähnlichen ung'sunden Dingen ernährt habe." Und weil alte Liebe nicht rostet, muss die „Haße" auch heute noch dann und wann sein. „Da sitz ich im Auto und es überkommt mich der Gusto und ich sag zu meinem Fahrer, dass er doch bitte kurz beim Würstelstand auf der Freyung vorbeifahren soll. Der ist mir nämlich der liebste."

Würstel gibt's im *Stadtgasthaus Eisvogel* keine, eine „Haße" schon gar nicht. Überhaupt wähnt man sich im *Eisvogel* rund um das Team von Herbert Schmid, einst viele Jahre im *Steirereck* zugange und der wohl bekannteste Käsesommelier des Landes, eher in einem Restaurant denn in einem Gasthaus. Aber da der *Eisvogel* offiziell als *Stadtgasthaus* geführt wird, darf er auch „mitspielen" in diesem Buch. Und weil er Ederers Wunschkandidat war.
Jetzt, im Dezember, sitzen wir klarerweise drinnen. Schlichte Eleganz und helle, cremefarbene Töne dominieren den großen Nichtraucher- und den etwas kleineren Raucherbereich, die große Bar animiert zu einem Aperitif im Stehen. Der beeindruckende Käsewagen ist so platziert, dass man schon beim Reinkommen an den Gang nach der Hauptspeise und vor der süßen Sünde denkt, und der reich bestückte Humidor muss für Zigarrenfreunde ein Dorado sein. Durch die großen Fenster hat man einen ausgezeichneten Ausblick über den um diese Jahreszeit verwaisten Gastgarten auf den neu gestalteten

Platz vor dem Riesenrad. Einen wirklich perfekten hat man ab der warmen Jahreszeit von der Kaffeehausterrasse im ersten Stock.
Diesen Ausblick muss man allerdings mögen. Ich mag ihn gar nicht und fühle mich in eine Filmkulisse versetzt, die an kitschiger Künstlichkeit nur schwer zu übertreffen ist. Und ich wünsche mir in Wahrheit einen möglichst raschen Drehschluss.
Gitti Ederer hüllt sich in diplomatisches Schweigen.

Die Angst war unbegründet, das Szegediner nicht nur gut, sondern glücklicherweise auch groß genug …

Die Geschichte des *Eisvogel* ist eine lang zurückliegende. Im Jahr 1805 avancierte er zu einer der renommiertesten Gaststätten des Wiener Praters. Der Name *Zum Eisvogel* stand für gutbürgerliche Küche gleichermaßen wie für musikalische Genüsse, zählten doch Philipp Fahrbach, Antonie Mannsfeld, Fanny Hornischer, Alexander Girardi, Josef Jarno und seine Gattin Hansi Niese sowie die Damenkapelle E. Hornischer zu seinen Gästen, die hier immer wieder ihrer Profession frönten. Nicht nur jener des Genießens. In den letzten Kriegstagen 1945 lag der *Eisvogel* schließlich in Schutt und Asche, ehe er 2008 nach einer mehr als ein halbes Jahrhundert währenden Pause als Nachfahre seines historischen Vorbildes seine Pforten neu eröffnete.

„Ausgezeichnet dieses Szegediner", sagt Ederer und lehnt sich zufrieden zurück. Ich kann mich dem Urteil nur anschließen.
„Und jetzt?", fragt sie.
Ich passe. Rudi passt nicht, der wählt den Maronireis „weil's schon wurscht ist", Ederer und ihr persönlicher Sekretär teilen sich die böhmischen Mehlspeisen, bestehend aus Grießschmarrn, Schokoladeknödel und Powidltascherl.
„Essen Sie irgendetwas nicht?", frage ich.
„An süßen Sachen meinen Sie?"
„Nein, ganz allgemein."
„Naja, süß-saure asiatische Sachen muss ich nicht haben. Und was ich wirklich gar nicht mag, sind g'füllte Paprika mit Paradeissauce und gebackener Karpfen. Letzteren hat man mich an die 40 Jahre stets zu Weihnachten zu essen genötigt. Und heute hab ich das Riesenglück, dass mein Mann gebackenen Karpfen auch nicht mag."
Und dann trinken wir jeder noch einen Espresso.

Als wir schließlich gut satt und zufrieden das Lokal verlassen, auf dem Platz vor dem Riesenrad inmitten der „Filmkulisse" stehen und uns voneinander verabschieden, glaube ich bei Ederer ein angedeutetes Kopfschütteln wahrgenommen zu haben. Guten Geschmack, denke ich mir, hat sie offenbar nicht nur beim Essen.

Vom Stammgast zur Köchin oder: „Zwa Händ' san zwa Händ' ..."

Mit **Eva Rossmann,** Autorin und Köchin, in Buchingers **„Zur alten Schule"**

Von hier, von Riedenthal, bis zu mir nach Hause sind es nur vier Ortschaften", sagt Eva Rossmann auf meine Frage, wie sie eigentlich ausgerechnet auf den Buchinger kam.
„Fünf", widerspricht Manfred Buchinger, ein irgendwie schräger Typ, ein Spinner in positivem Sinn, ungemein sympathisch und ausgesprochen witzig.
„Bitte?"
„Fünf Ortschaften sind's. Nicht vier."
„Ist doch ganz egal. Tatsache ist, dass ich nicht weit von hier wohne und dein Lokal schon lang vor der Idee zu meinem Krimi *Ausgekocht* mein Stammlokal im Weinviertel war. Und als ich 2002 für den Roman ..."
„Sechs."
„Nein, 2002."
„Sechs. Sechs Ortschaften sind's. Ich bin sie gerade im Geiste durchgegangen. Sechs, wenn man Riedenthal mitzählt."
„Darum geht's doch jetzt nicht. Der Achim wollte wissen, warum ich bei dir koche."
„Stimmt", sage ich. Und denke mir, dass die beiden ein bisserl was von einem schon etwas länger verheirateten Ehepaar haben, obwohl jeder einen anderen Partner hat. Einen anderen Ehepartner zumindest, denn in der Küche sind Eva und Manfred sehr wohl ein Team.

Wir sitzen dort, wo sich auch die Schank befindet, sprich in der „2. Klasse", wie Buchinger diesen Raum getauft hat. Hier waren vor vielen, vielen Jahren, als dieses Wirtshaus noch kein Wirtshaus war, sondern tatsächlich eine Schule, die Wohnung des Direktors sowie das Lehrerzimmer untergebracht. Verdammt gemütlich ist es hier, da bleibt man – um den Schuljargon zu bemühen – gern sitzen. Und zu essen und zu trinken kann's auch nicht genug sein.
Das Besteck fischt man aus Gefäßen aus Email, die in der Mitte der Tische stehen, die Papierservietten ebenso. Und allerlei Dinge stehen herum, zum Teil auch recht kuriose und im Grunde vollkommen nutzlose. Ein alter Kaugummi-

automat etwa, ein noch älteres Harmonium oder ein unechter, weißer Hund. Wobei der unechte weiße Hund nicht steht, sondern sitzt. Unter einem Beistelltisch nämlich, samtweich auf einem grünen Polster, weder sabbernd noch sonst irgendwie schmutzend.
Drüben, in der „1. Klasse", ist es übrigens nicht minder gemütlich, nur ein bisserl nobler, ein bisserl vornehmer, die Tische sind weiß gedeckt und die Servietten aus Stoff. Nur rauchen darf man in der „1. Klasse" nicht.
„1895 wurde hier erstmals unterrichtet", erzählt Buchinger. „Und als die Schule 1965 ihre Schuldigkeit getan hatte, machte man ein Gasthaus aus ihr. Ich bin übrigens der dreizehnte Wirt, und als ich ..."
Jetzt unterbricht Eva. „Eigentlich wollte ich dem Achim und dem Rudi gerade erzählen, wie ich auf dich kam. Oder wir auf uns."
„Stimmt", sagt Rudi. „Ihr beide habt übrigens ein bisserl was von einem älteren Ehepaar ..."

Die Autorin und der Koch – Rossmann kam und wollte nicht wieder weg. Und Buchinger ließ sie gewähren ...

Buchingers Zweiklassen-Gesellschaft: In der einen darf man rauchen, in der anderen nicht.

ICH BIN
A
WAHNSINN

Sie kam, sah und siegte nicht gleich, denn anfangs war der Chef ein bisserl skeptisch …

„Hab ich mir vorhin auch schon gedacht“, sage ich. „Aber ich wollt’s nicht sagen. Und jetzt ist die Eva am Wort.“
„Also“, sagt die 1962 in Graz geborene studierte Juristin, spätere Politik-Journalistin, seit 1994 Sachbuch- und seit 1999 Krimiautorin, „die Sache war die: 2002 wollte ich einen Roman schreiben, der in der Gastronomieszene spielt. Allerdings wusste ich nicht, wie es in der Küche eines Lokals zugeht, also habe ich den Manfred gebeten, zu Recherchezwecken ein paar Wochen bei und mit ihm kochen und ihm zur Hand gehen zu dürfen.“
„Und welche Qualifikation hast du mitgebracht?“
„In Wahrheit keine. Außer dass ich eine ambitionierte Hobbyköchin war.“
„Und ich war trotzdem nicht unbedingt angetan von dieser Idee“, mischt sich Buchinger ein.
Eva lächelt. „Als eines Tages dann allerdings zwei Mitarbeiter quasi über Nacht ausgefallen waren, ein Koch und ein Tellerwäscher, da hat mich seine Frau Renske angerufen, und Minuten später stand ich in seiner Küche, sofort mittendrin. Sogar meine eigenen Messer hatte ich mit. Erst habe ich sie noch im Auto gelassen, später dann geholt. Dass es allerdings derart anders als das Hobbykochen sein würde, hätte ich mir nicht träumen lassen. Ein Knochenjob, und das ist es immer noch, obwohl ich inzwischen um Klassen schneller bin. Man muss es lieben oder man sollte es bleiben lassen. Wenn mich jemand fragt, was mich zur Köchin qualifiziert, sage ich immer: Ich bin ausdauernd und hitzebeständig. Es ist ein unglaublicher Unterschied, ob man zu Hause acht Gänge für acht Freunde kocht oder in der Küche eines Lokals ein Bon nach dem anderen reinkommt. Aber man lernt.“

Im Sommer dann, die Rohfassung des neuen Falles der seit 1999 ermittelnden Journalistin Mira Valensky (überra-

Gar nicht bissig: Der Hund nicht, weil nicht echt, der Chef nicht, weil stets fröhlich.

Einfach unbeschreiblich gut, also wird's hier auch nicht näher beschrieben.

schenderweise eine gelernte Juristin, die nicht minder überraschend sehr gern kocht), war inzwischen geschrieben, wollte die Schöpferin der Romanfigur das Kochen beim Buchinger nicht mehr missen. Also hat sie ihn gefragt, ob sie bleiben darf, und er hat mit dem ihm eigenen Charme erwidert: „Zwa Händ' san zwa Händ'." Also blieb sie und legte dann auch noch die Kochprüfung ab.
„Heute", sagt er und grinst verschmitzt, „ist der Feind in meiner Küche gleichzeitig meine Sous-Chefin. Die intelligenteste, die ich je hatte. All die männlichen Sous-Chefs aus der Vergangenheit mit eingerechnet."
„Und es klappt, auch wenn wir noch so oft fetzen. Im Prinzip verstehen wir uns blind."
„Stimmt", sagt er. „Und daher gebe ich hier und heute und in aller Öffentlichkeit zu, dass ich sie inzwischen gar nicht mehr loswerden will."
„Gar kein Wettstreit?", frage ich.
„Nein", sagt sie.
„Doch", sagt er. „Der Wettstreit, wer mehr Bücher signiert. Man kann hier nämlich nicht nur meine Kochbücher, sondern auch ihre Kriminalromane kaufen."
„Stimmt", sagt sie. „Aber kein Wettstreit in der Küche. Er ist der Chef, er sagt, wo's langgeht. Und ihm fällt ununterbrochen etwas Neues ein, also komm ich kaum dazu, mich in die Karte einzumischen, weil er so ein Ausbund an Kreativität ist."

Zu kochen begonnen hat Rossmann mit 13. Und damals tat sie das vor allem für Gäste, denn ihre Mutter hatte Stress, wenn sie für andere am Herd stehen

sollte. Dass das Hobby schließlich derart außer Kontrolle geriet, führt sie auf ihren „g'sunden Spinner“ zurück. Bloß ein eigenes Lokal, das würde sie sich nie und nimmer antun. „Weil jetzt weiß ich ja, was da alles dranhängt.“
Buchinger seinerseits lernte im legendären *Lugeck,* dort, wo man heute Schleckeis kaufen kann, wechselte dann ins Hotel Intercontinental Wien, wurde Küchenchef und gern zu diversen Spezial-Events auf andere Kontinente und Intercontinentals ausgeliehen. Als Chef des Hotel-Restaurants *Vier Jahreszeiten* wurde er zum kreativsten Koch Österreichs gekürt, Journalisten priesen ihn als den „Andy Warhol der Küche“.
Damals trank er während der Arbeit übrigens stets bis zu zwei Liter Milch. „Weil ich nach dem Dienst immer nach Hause ins Weinviertel fahren musste.“
„Und weil du eines Tages keine Milch mehr sehen konntest, hast du's kurz vor der dritten Haube sein lassen.“
„Nein, weil das Hotel seine Generaldirektoren öfter gewechselt hat, als ich meine Fischhändler. Irgendwann ging das einfach nicht mehr.“
Da traf es sich nur allzu gut, dass die *Alte Schule* nahe seiner Weinviertler Heimatgemeinde wieder einmal leer stand. „Einfach war das nicht“, erinnert sich Buchinger an die Anfänge Ende der 1990er mit nur einer Praktikantin an seiner Seite.
Aber er hat – zum Glück – nie aufgegeben und in weiterer Folge ein paar Ex-„Untertanen“ aus dem Interconti ins Weinviertel gelockt.
An diesem Nachmittag im November verwöhnt uns der mit (nur) einer Haube ausgezeichnete Chef mit einem Feldhasen-Allerlei, dass man nur so schmatzen möcht. Da ist dabei: In Weißwein und mit Kapern gedünstete Vorderläufe, Mariniertes und Gegrilltes von Keule und Rücken, Hasencroquette (aus einem Teil der gedünsteten Vorderläufe, vermischt mit Preiselbeeren, Dijonsenf, Ei und Bröseln) und ein Hasenbolognaise, gemacht aus den „Wammerln“ – den Bauchlappen des Hasen – und gewürzt mit Ingwer, Kardamom, Neugewürz, Preiselbeermarmelade, Chili, Salz und Zucker.
Und noch etwas gibt es an diesem

Nachmittag im November und das es sonst selten gibt an einem Novembernachmittag: Frische, gebackene Parasole aus der Gegend. „Das Klima“, sagt er, „war ideal in den vergangenen Tagen“.

2006 verlieh der Lokalführer *Wo isst Österreich?* Buchinger den Titel *Koch des Jahres.* Was der Ausgezeichnete damals mit einem schlichten „Jetzt bin ich populär, jetzt kommen vermutlich die lästigen Gäst“ kommentierte. Die fürchtete er aber nicht wegen ihrer Geschmacksnerven, sondern vielmehr deshalb, „weil die nicht einsehen wollen, dass ein gutes Gasthaus kein Geschirr von Rosenthal, keine Kristallgläser und keine Damast-Tischwäsche braucht“. Was ein gutes Gasthaus braucht, das ist einen kreativen Koch. Und kreativ ist Buchinger wie sonst nur wenige. „Ich will zwar eine Rückbesinnung auf alte Speisen, aber auf moderne Art. Also: Kein ganzer Schmalztopf, sondern ein geschmacksgebender Klacks. Alte Wirtshausrezepte, aber geliftet.“ Das ist sein Credo, sein rückbesinnlich-fortschrittliches Konzept. „Ein guter Wirt“, sagt er, „sollte auf unnötigen Firlefanz genauso verzichten wie der Maler Miró: Da ein roter Punkt, dort ein schwarzer Strich, aber beides unverwechselbar. Dann ist das Zeug schnell eine Million wert.“

Keine 200 Schritte vom Wirtshaus entfernt, hat Buchinger ein paar Gästezimmer, einfach und preiswert. Und das ist gut so, denn nicht selten kommt es vor, dass der Oberlehrer der *Alten Schule* am Abend so manchem Gast Nachhilfeunterricht in Sachen Wein aus dem Weinviertel gibt. Nicht zuletzt deswegen, weil er selbst ganz gern sitzen bleibt.

Der Abschluss im Beisl und die Palatschinken zum Abschluss

Mit Nationalbank-Präsident und Böhler-Uddeholm-Chef Claus Raidl in „Reinthalers Beisl“

Da sitzt er also im überaus eleganten schwarzen Dreiteiler und selbstverständlich mit Krawatte auf der schlichten Holzbank am schlichten Holztisch ohne Tischtuch und mit dem von der Kellnerin im Vorbeihuschen gleichsam fallen gelassenen Besteck. Und was macht er hier? Er wartet freudig erregt auf etwas so wunderbar Bodenständiges wie eine Bratwurst mit Sauerkraut und geröstete Erdäpfel. Irgendwie passt das – oder passt *er* – so gar nicht ins Bild, und doch ist es so völlig normal und gänzlich alltäglich. „Zumindest in Wien“, sagt der Spitzenmanager Claus Raidl. „In Wien gehst ins Beisl, bist angezogen so wie ich, weilst grad von einem sehr wichtigen Termin kommst, und keiner dreht sich um und mustert dich von oben bis unten. Weder abfällig noch anerkennend, man ist anonym. Und man isst anonym. So gesehen bedeutet das Beisl für mich an Tagen wie dem heutigen die pure Erholung und Entspannung – hier bin ich ich. Hier sitzt Arm neben Reich, Manderl neben Weiberl, Alt neben Jung, Tourist neben Proletarier, Hackler neben Firmenchef. Säße ich jetzt im Nobelrestaurant, müsste ich vermutlich wieder eine Rolle spielen und funktionieren. Hier lass ich mich fallen.“

Und dann, noch vor dem letzten Schluck vom ersten, ordert Raidl ein zweites kleines Bier, während die Kellnerin auf dem Nebentisch gerade eine geröstete Leber schwungvoll vor eine ältere Dame platziert. „Woll ma noch a Achterl, gnädige Frau? Fürs Gemüt? Aber sicher …“ Raidl, an sich schon nicht klein, schraubt sich noch ein bisserl weiter in die Höhe, um über zwei Köpfe hinweg einen Blick auf den Teller erhaschen zu können. „Das wär natürlich auch eine glänzende Wahl gewesen, aber leider zu spät. Sieht fantastisch aus!“ Ein Satz, den er in weiterer Folge und in stets leicht abgewandelter Form übrigens noch mehrmals wiederholen wird, wenn wieder etwas an unserem Tisch vorbei serviert wird, was er nicht bestellt hat. Was aber nicht heißt, dass ihm die Bratwurst in *Reinthalers Beisl* kurze Zeit später nicht schmeckt. Im Gegenteil.

Reinthalers Beisl – und ich weigere mich strikt, es so zu schreiben, wie es beispielsweise auch draußen an der Fassade geschrieben steht, falsch nämlich weil mit einem Apostroph vor dem S, „Reinthaler’s Beisl“ also – gibt es in seiner heutigen Form und in seinem urigen Erscheinungsbild noch nicht sehr lang. Johann Reinthaler hat es hier in der Dorotheergasse gleich neben dem *Café Hawelka* und gegenüber der Brötchen-Institution *Trześniewski* 1997

RINDSGULASCH
Erdäpfel 7,90
HÜHNER CORDON BLEU
€ 9,90
HÜHNERBRUST gebacken
€ 8,50

„Heute essen wir nicht nobel, heute essen wir was Anständiges" – C. Raidl

eröffnet, nachdem es davor lange Jahre eine mal mehr, meist weniger gut gehende Bar gewesen war.
Noch früher, von 1971 bis 1976, war es allerdings ebenfalls schon ein *Reinthaler,* ein Wirtshaus also, wenn auch ein deutlich kleineres, geführt von Johanns Vater. Der verkaufte schließlich, erwarb dafür ein Gasthaus links ums Eck, dann rechts ums Eck und schließlich wieder links ums Eck in der Gluckgasse, nannte es *Gasthaus Reinthaler,* ging 1994 in Pension und übergab an den Sohn.
Der wiederum überließ das bis zum heutigen Tag stets bis auf den letzten Platz gefüllte Souterrainlokal 1997 seiner Schwester und kaufte den alten *Reinthaler* in der Dorotheergasse zurück, zu diesem Zeitpunkt wie gesagt eine Bar. Und diese Bar ist heute der Schankraum mit sieben Tischen, darunter dem in Wirthäusern wie diesem unverzichtbaren Stammtisch.
Ein erster Durchbruch, schließlich ein zweiter, das Lokal wuchs und wuchs. Und obwohl es nicht wirklich alt ist, es wirkt so. Alt und ursprünglich und dabei alles andere als gekünstelt – eine

erstaunliche (innenarchitektonische) Leistung. Bloß die Küche wuchs nicht mit und mutet heute in Relation zu den Gasträumen wie eine Puppenküche an. Aber das wird sich mit Sicherheit irgendwann ändern.
Vermutlich ändern müssen, denn Reinthaler plant einen weiteren Durchbruch. Wen wundert's, schließlich könnte er sogar unter der Woche jeden Tisch Abend für Abend dreifach besetzen. „Haben S' reserviert?", fragt die Kellnerin fortwährend, wenn wieder jemand zur Tür hereinkommt. „Nein? Na dann tut's mir leid."
Und dass die beiden stets vollen Gaststätten, die des Bruders und jene der Schwester, quasi eins sind, erkennt man zum einen an den handgeschriebenen Tageskarten, die einander nicht nur inhaltlich, sondern auch vom Schriftbild her sehr ähneln, zum anderen an der Qualität der Küchen. Da wie dort isst man wunderbar bodenständig und meist auch sehr gut.

Und während Raidl seine Bratwurst mit Sauerkraut und gerösteten Erdäpfeln dem stressigen Tag zum Trotz jetzt quasi im Zeitlupentempo verspeist, gerät er so richtig ins Schwärmen. Ob der Wurst einerseits, ob der Lokalität zum anderen. „Oft sag ich zu Freunden: ‚Freunde, hört her, nobel essen wir oft genug, heute essen wir einmal etwas Anständiges.' Und dann schlage ich so ein Beisl vor. Und nicht selten frequentiere ich Wirtshäuser wie dieses auch mit Geschäftspartnern. Vor allem mit Deutschen, denn die haben so etwas nicht bei sich zu Hause und sind dementsprechend ganz verrückt drauf. Und bei einem Glas Bier oder einem Glas Wein und einem Schweinsbraten oder einem Beuschel kommt man nicht selten auch viel schneller zu einem Abschluss oder dem Abschluss zumindest näher, als in einem nüchternen Konferenzzimmer bei Wasser, Kuchen und Kaffee."

Raidl selbst, Jahrgang 1942 und geboren in Kapfenberg, wo der Vater technischer Leiter beim Edel- und Werkzeugstahlhersteller Böhler war, der Großvater einfacher Arbeiter im Werk in Ybbstal und er selbst heute der Chef ist, wuchs als Kind der Nachkriegszeit auf. „Essen war bei uns zu Hause das Wichtigste", erzählt er und erinnert sich an die Mutter, „die geprägt war vom Krieg und in der Küche alles verwertete, was nur irgendwie verwertbar war. Und die es gar nicht gern gesehen hat, wenn man nicht aufgegessen hat. Typisch für Menschen, die diesen Krieg miterleben und überleben mussten."
1961 schließlich kam Raidl als Student nach Wien und wurde von seinem Bruder Herbert, zehn Jahre älter und damals schon recht gut verdienend, unter dessen kulinarische Fittiche genommen. „Er hat mir die feinen Wiener Restaurants gezeigt, das *Kerzenstüberl* zum Beispiel oder das *Coq d'or*. Das hat mich beeindruckt, keine Frage, aber ich bin – nicht zuletzt aus finanziellen Gründen – trotzdem weiter in die Wirtshäuser gegangen, nach deren Besuch das G'wand in manchen Fällen noch zwei Tage später bis auf die Unterhose g'stunken hat."
An Einmachsuppen erinnert sich Raidl „und an die besten Palatschinken der Welt bei einem Wirt nahe dem Studen-

Was stimmt hier nicht? Richtig, das Bild rechts unten. Das ist der Schwesterbetrieb in der Gluckgasse.

tenheim im achten Bezirk, den es längst nicht mehr gibt. Hauchdünner Teig und Marillenmarmelade ohne Ende!“ Palatschinken sind auch das Einzige, was der Manager selbst zuzubereiten in der Lage ist. „Mit Schupfen!“, wie er stolz verkündet. „Ohne dass die Palatschinke dann wie im Slapstickfilm an der Decke picken bleibt. Bei mir landet sie wieder in der Pfanne. So wie es sich g'hört. Aber an allen anderen Dingen bin ich gescheitert. Die Koordination zwischen Vorspeise und Hauptspeise und alles soll warm sein, das ist mir nie gelungen, also hab ich es sein lassen. Und als Student in den USA hatte ich selbst mit dem Braten von tief gefrorenen Hamburgern meine Schwierigkeiten.“

Und dann bestellt Raidl ein Glaserl Veltliner. „Mein Wein“, sagt er. „Gut, ein Welschriesling darf's für mich als Steirer natürlich auch sein, aber nur ein ganz junger. Sauvignon blanc oder Riesling brauch ich schon weniger. Aber Veltliner, das is es.“

Allerdings ist er das auch erst seit knapp 25 Jahren. Bis dahin, bis Mitte 40, war Raidl Biertrinker. „Weil ich keine guten Erinnerungen an Wein hatte. Als Studenten haben wir uns nur Doppler leisten können und die hatten mehrmals ziemlichen Kopfschmerz zur Folge.“ Aber irgendwann kam das Interesse, hervorgerufen natürlich auch durch die im Lauf der Jahre immer häufiger werdenden Besuche in immer besseren Lokalen. „Also habe ich begonnen, mich mit Wein zu beschäftigen, habe mir Bücher gekauft und Weinreisen nach Frankreich und Italien unternommen, um mich weiterzubilden. Und heute sind die Präferenzen ganz klar: Weißwein aus Österreich, am liebsten Veltliner, Rotwein aus Frankreich, wobei gegen einen guten Burgenländer natürlich nichts einzuwenden ist.“

Und Käse aus Frankreich. Auf den allerdings ist Raidl nicht erst mit 45 gekommen, der hat es ihm schon im Sommer 1961 angetan, als er als Austauschstudent bei einer Familie in Frankreich zu Gast war. „Der Herr des Hauses war ein hoher Beamter, der die Bäume im Garten nur mit umgebundener Krawatte geschnitten hat. Aber Käse hat er ge-

liebt und dementsprechend gute und viele Käsesorten gab es.“

Der *Reinthaler* hat auch Käse. Gebackenen Emmentaler zum Beispiel. Am Abend unseres Besuches sogar auf der Tageskarte. Aber keine famosen Franzosen zum Dessert. Also werden es doch die Palatschinken.

„Und?“, frage ich. „So wie einst beim Wirt im Achten nahe dem Studentenheim?“

Raidl wirft mir einen verklärten Blick zu. Und lächelt selig.

Ein Schwatz in der Küche und eine Bitte ans Denkmalamt

Mit Albertina-Chef Klaus Albrecht Schröder in „Schreiners Gastwirtschaft"

Groß ist sie nicht, die Küche. In Wahrheit winzig. Und dennoch ist sie für jedergast zugänglich. Weil sie einerseits nach vorn hin offen ist, abgegrenzt von der gastwirtschaftlichen Außenwelt nur durch eine niedrige gemauerte Abtrennung, und andererseits Besuche allzeit willkommen sind. Der Herr und Koch des Hauses, der ist nämlich ein äußerst kommunikativer Kerl. Der mag es, wenn sich einer, gern auch eine, mit einem Glas Bier oder einem Glas Wein in der Hand an das hüfthohe, an das Mäuerchen „angedockte" Holzkastl lehnt, in dem die Dessertteller ihres Einsatzes harren, ihm ein bisserl bei der Arbeit zuschaut und einen Schwatz mit ihm tut. Thomas Schreiner heißt der Mann, der dieses Wirtshaus in der Westbahnstraße seit 2002 betreibt. Und zu dem neben einem unbeschreiblich schönen und weitläufigen und großteils begrünten Innenhof seit November 2009 auch fünf Gästezimmer gehören, jedes für sich ungefähr achtmal so groß wie die Küche. Die Hochzeits-Suite in der „Dependance" im Garten ist derzeit noch in Planung. „Nach dem Umbau im vergangenen Jahr haben wir fürs Erste genug von Staub und Beton und Bodenlegen und all diesen Dingen", sagt Angelika Wagner, eine Tirolerin, die kurz nach der Eröffnung als einfacher Gast gekommen und schließlich nicht nur in Wien, sondern überhaupt gleich als Frau an Schreiners Seite in der Hauptstadt hängen geblieben war.

Mein Handy läutet. Klaus Albrecht Schröder, Direktor der Wiener Albertina und somit Herr über eine der bedeutendsten Grafiksammlungen der Welt, ist dran. Er wird sich ein klein wenig verspäten. Macht nichts, denke ich mir, denn ich habe mich längst mit „seinem" Wirt angefreundet und lehne nun mit einem Glas Wein in der Hand am Holzkastl mit den Desserttellern. Rudi lehnt mit einem kleinen Bier neben mir, und zwischen uns auf dem Boden sitzt Otto, der Hund des Hauses und Sohn einer ehemaligen italienischen Streunerin aus der Toskana, die sich inzwischen im 19. Bezirk niedergelassen hat. Schreiner würzt gerade ein paar Lammfilets mit

Quasi „Häferlgucker“: Klaus Albrecht Schröder beim Plausch mit dem Chef. Achtel mitbringen erbeten!

Campari Soda/Orange 5cl 5,-
Schilcher-Frizzante 0,1l 3,50
Kir Royale 0,1l 3,50
Muskateller, Taferner 1/8l 4,-
Pfiff Haselbräu 0,2l 2,40
Sherry trocken 5cl 4,50

Natursalz aus dem Ausseer Land, während Juraj Nosko, sein Co und Freund in der Küche, dem Kellner Josef zwei Fischsuppen für Tisch drei in die Hand drückt. „Habt ihr schon einen Blick in die Karte geworfen?“, fragt Schreiner.
Haben wir nicht.
„Die entspricht meiner Küche. Soll heißen, sie ist sehr klein.“ Wie übrigens auch das Lokal als solches nur rund 35 Essern und Trinkern Platz bietet. Apropos Trinker: Die erfreulicherweise sehr Österreich-lastige Weinkarte lässt auch kaum Wünsche offen.
Die wenigen Gerichte sind von ganz erstaunlicher Qualität, wie wir etwas später bei Fisch- und Stosuppe (eine klassische Rahmsuppe, allerdings ohne Kümmel, dafür mit zusätzlich hinein geraspelter Limettenschale und Roastbeefstreifen), gekochtem Ochsenfleisch, gerösteter Leber, irischem Lamm und Maishendl mit Cremepolenta und Blunzngröstl feststellen dürfen und Gang für Gang und verklärten Blickes mehr und mehr dahinschmelzen.
„Mir ist draußen im Gastraum das Familienwappen aufgefallen“, sage ich.

„Entstammst du einem Adelsgeschlecht?“ Schreiner, dem inzwischen das gesamte Gebäude gehört, in dem sich neben dem Lokal und den Gästezimmern auch die eigene Wohnung befindet, lacht. „Nein, das hab ich mir spaßeshalber von einem Schildermaler im dritten Bezirk machen lassen. Hat nichts zu bedeuten.“
Und dann erzählt Schreiner, einst im Team vom bayrischen Spitzenkoch Alfons Schuhbeck, dann auf dem Luxuskreuzfahrtsschiff *Vistafjord* und schließlich beim *Czaak,* einem Beisl im ersten Bezirk, von der Geschichte seiner Gastwirtschaft. Die gibt es seit den frühen 1940er Jahren, und Schank, Holzvertäfelung und Boden sind immer noch die originalen.

Und dann kommt Schröder, entschuldigt sich für die Verspätung und hat Hunger. „Nicht einmal einen Apfel oder eine Birne hab ich heute gegessen. Nichts. Gar nichts."
Das ändert sich rasch, zur Überbrückung gibt es ein Stückerl Weißbrot und Butter. Und so gehetzt und gestresst er noch vor wenigen Augenblicken gewirkt hat, so entspannt ist er jetzt, als er sitzt. „Als Wirtshausmenschen kennt man dich ja eigentlich nicht", komme ich rasch zum Thema, denn der studierte Kunsthistoriker hat sich nicht nur ein bisserl verspätet, es muss auch ein bisserl früher weg.
„Stimmt. Was daran liegt, dass man in erster Linie den Berufsmenschen Schröder kennt. Und der sitzt eben eher in Lokalen wie dem *Fabio,* wenn es berufliche Dinge im Rahmen eines Essens zu besprechen gilt. Aber den Privatmann Schröder, den zieht es ins Wirtshaus. Dort kann er abschalten, dort erholt er sich vom Job."
Und dort ist er quasi auch aufgewachsen, gehörte doch einer Wahl-Tante in seiner Heimatstadt Linz der einst be-

rühmte *Mühlviertler,* in dem Schröder, Jahrgang 1955, als junger Mann nicht nur jedes Wochenende reichlich zu essen bekam, sondern auch als Teilzeit-Kellner ein paar Schilling verdiente, während seine Mutter bisweilen in der Küche half, wenn der Laden wieder einmal zum Bersten voll war.
„Wirtshaus", sagt Schröder, „bedeutet Heimat für mich. Und wenn ich an das Gasthaus *Zum schiefen Apfelbaum,* ebenfalls in Linz, zurückdenke, dann frage ich mich schon, warum man nur Kirchen und nicht auch Wirtshäuser unter Denkmalschutz stellt. Das sollte man überdenken."

Dann wird das gekochte Rindfleisch serviert. Schröder schmeckt's sichtlich und er erinnert sich an die 1970er, an seine ersten Jahre in Wien. „Damals haben die Wirtshäuser in Wien nicht gehalten, was die in Linz versprochen haben. Damals ging es bei den meisten mehr um Menge denn um Qualität, was sich zum Glück geändert hat. Oder es wurden die, bei denen es schon immer um Qualität ging, einfach mehr." Was er, von der Küche abgesehen, an *Schreiners Gastwirtschaft* noch so schätzt, ist das Ambiente. „Hier war kein Innenarchitekt am Werk und auch kein Möbeldesigner. Und trotzdem stimmt alles, stimmt jedes Detail."
Und dann schaut Schröder auf die Uhr. „Schon auf dem Sprung?", frage ich. „Quasi. Leider."

Das Wappen ist erfunden, die Zimmer sind wunderschön, die Karte ist klein und der Haushund hundemüde.

Also im Zeitraffer: Die thailändische, die chinesische und die japanische Küche liebt er. Und die besten Köche und Restaurants würde man in den USA finden. Sein Momentan-Gewicht von 82 Kilo hält er, nachdem er 20 Kilo in nur vier Monaten abgenommen hat, und als er Kind war, hat Muttern am 24. Dezember stets Schweinsbratwürstel mit Sauerkraut auf den Tisch gestellt. „Was ich meiner Frau leider nicht schmackhaft machen konnte." Früher war er ein begeisterter Whisky-Trinker, was sich geändert hat, seit er eine Whisky-Allergie hat. „Ich krieg sofort höllische Kopfschmerzen." Gleiches passiert bei schwerem Rotwein, also hält er sich hauptsächlich an Weiße. An Gelben Muskateller und Sauvignon blanc aus Österreich und an leichte Italiener. Vogerlsalat mag er gar nicht, den findet er „schrecklich fad", und fünf Gerichte isst er aus ethischen Gründen nicht mehr, so gerne er sie hin und wieder essen würde: Kabeljau, Gänseleber, Milchkalb, Hummer und Langusten. Kochen kann er gar nicht, aber seine Frau begleitet er gern zum Einkaufen.

„Naschmarkt am Samstag, das zählt zum wöchentlichen Pflichtprogramm." Und jetzt muss er weg.

„Diese Stunde war eine herrliche Auszeit", sagt er, steht auf und geht in die Küche, um sich vom Chef zu verabschieden.

„Ohne Glas kommt mir hier aber keiner rein", scherzt Schreiner.
Schröder lässt sich das nicht zweimal sagen und bittet den Herrn Josef um „ein halbes Achterl". Und dann bleibt er doch noch ein paar Minuten picken. Auf einen Schwatz in der Küche.

Von der Sorge um die Wirte und der Gemeinsamkeit von Essen und Sex

Mit dem Kabarettisten **Lukas Resetarits** in Hanno Pöschls **„Immervoll“**

Wir lachen Tränen, alle vier. Lukas, Hanno, Rudi und ich. Denn kaum sitzen wir, beginnen Resetarits und sein Uraltfreund Pöschl, der Schauspieler und Gastronom, Schnurren aus ihrer beider Leben zu erzählen, die sich mehr oder weniger alle ums Essen drehen. Unmöglich, diese Geschichten an dieser Stelle wiederzugeben, zumal der Unterhaltungswert ein doppelt und dreifach hoher ist, wenn man die beiden Herren in ihrer jeweils unverwechselbaren Diktion auch hört.

Sollten Sie Lukas Resetarits also irgendwo über den Weg laufen und des Wienerischen mächtig sein, dann fragen Sie ihn doch einfach nach der Episode mit dem Schinken für die Ham and Eggs in der Schauküche eines burgenländischen Wellnesshotels mit ungarischem Koch. Die steht jener von Pöschl nämlich um nichts nach, in der es um Eiernockerl und ein paar mit Goldketten behängte Mercedes- und BMW-Fahrer in einer öffentlichen Sauna geht. Das mit den Eiern übrigens jetzt bitte nicht falsch zu verstehen. Und die Anekdote mit dem *Kandisin* ist auch saukomisch. „Man erlebt schon ganz kuriose Dinge in Zusammenhang mit Essen und Trinken, und ab und zu passieren einem auch Pointen, die man eigentlich gar nicht setzen will“, erinnert sich Resetarits an einen frühen Morgen irgendwo in einer Pension in der Steiermark, nachdem der Künstler am Vorabend die lokale Bühne des Ortes bespielt hatte. „Ich hab die offensichtlich zuständige junge Dame in der Gaststube um ein weiches Ei gebeten, übernächtig und vielleicht auch ein bisserl verkatert, worauf die mir in allertiefstem Steirisch entgegengebellt hat, dass das nicht möglich sei, weil die Chefin im Moment grad nicht da wäre. Meine spontane Reaktion war: ‚Ist die Chefin denn die Henne?‘.“
Hätte er Publikum gehabt, er hätte wohl einen Lacher geerntet. Bloß war da keiner in aller Früh im Frühstücksraum, insofern war das ein morgendlicher Auftritt als wörtlich genommener Alleinunterhalter. „Ja, ab und zu hat man a Hetz auch mit sich selbst.“

Beim Pöschl im *Immervoll* hingegen – und das heißt so, weil Pöschls Partner Immervoll heißt, Siegfried nämlich – werden Resetarits die Wünsche erfüllt. Gebackenes Kalbsbries jedenfalls bekommt der legendäre *Kottan*-Darsteller ganz ohne Widerrede und auch ein heißes Supperl vorweg. Beides laut

Auskunft seines Verspeisers ganz ausgezeichnet, mein Reisfleisch ebenso und nicht ertränkt in Gulaschsaft, sondern gänzlich ohne und dennoch keine Spur trocken. Rudis gebackene Blunznradln sind seinem Gesichtsausdruck nach zu schließen auch eine helle Freude.

„Der Hanno", sagt Resetarits irgendwann zwischendurch, als Rudi und der Hausherr sich zwecks einer Pöschl-Ablichtung am Herd in die Küche zurückziehen, „ist einer der größten Gastronomen, die dieses Land je hervorgebracht hat. Das klingt jetzt vielleicht hochtrabend, aber ich weiß, dass ich Recht habe, denn ich kenne viele. Und es gibt kaum einen, der die Grundphilosophie des Wirtseins so hingebungsvoll lebt wie er." Wozu sicher auch gehört, in Wien jedenfalls, dass er dann und wann ganz gern ein bisserl grantelt. Oder zumindest so tut als ob.

1970 hat der gelernte Konditor und ausgebildete Schauspieler Pöschl als Gastronom begonnen, gänzlich anders jedoch als geplant. Denn eigentlich wollte er 1968 parallel zur Schauspielschule nur ein bisserl was dazuverdienen als Kellner im *Kleinen Café* auf dem Franziskanerplatz, aber dazu kam es nicht, weil der Laden, wie man so schön sagt, den Bach runter ging. Und dann hat er ihn übernommen, gemeinsam mit einem Freund seiner Schwester. Eine Zeit lang wurde gepinselt und gehämmert und 1970 wurde wiedereröffnet.

„Seither bin ich Gastronom ohne Unterbrechung und bin es mit Leib und Seele. Mehr noch als Schauspieler, wenn ich ganz ehrlich bin", erzählt der Mann, der einst eine große Nummer im Wiener Ensembletheater war und sogar in James Bond *Der Hauch des Todes* mitspielte.

„Gut und gern gekocht hat der Hanno schon immer", erinnert sich Resetarits an so manches späte Gulasch. „Aber im *Kleinen* hat er keine g'scheite Kuchl g'habt, drum ist er zu Hause in seiner Wohnung in der Singerstraße hinterm Herd gestanden, hat die Töpf dann ins G'schäft geschleppt und auf einer Platte aufg'wärmt."

30 Jahre später war das *Immervoll,* zu finden in der Weihburggasse nur wenige Meter ums Eck vom *Kleinen* und ebenfalls alles andere als groß, so etwas wie eine logische Konsequenz. Zuvor eine düstere Weinstube mit Namen *Weinhaus Otto Obenaus,* haben Immervoll, Pöschl und ein äußerst geschmackssicherer Innenarchitekt ein wunderbar schlichtes, recht helles und dennoch ungemein gemütliches Innenstadtwirtshaus geschaffen, das trotz der vergleichsweise wenigen Jahre, die es auf dem Buckel hat, längst eine Institution ist in Wien. Und in dem Pöschl, der Autodidakt am Herd, die Kutteln zur Chefsache erklärt hat. „Die mach ausschließlich ich."

„Jetzt weiß ich also", sage ich, „wie der Hanno Wirt wurde. Und wie wurde der Lukas Gast?"

„Indem er, und das war eine ganz wesentliche Voraussetzung, schon als Kind gern gegessen hat. In den ersten vier Jahren daheim in Stinatz und dann später in Wien während der Volksschulzeit noch recht strudelbetont, also recht süß. Topfen-, Apfel-, Zwetschgenstrudel, Schmarrn und Grießkoch und solcherlei Dinge. Und wenn Fleisch, dann nur in bekleideter Form, sprich paniertes

Schnitzel. Huhn war damals noch kein Thema, Brat- und Backhuhn kamen erst später auf, aus Huhn hat man damals a Supp'n g'macht. Aber irgendwann später in meinem Leben wurden mir die Standardsachen in ihrer oftmaligen Wiederholung zu blöd. Ewig nur Schnitzel habern? Na! Noch dazu, weil es zu oft nicht gut war. Wenn ein Schnitzel, dann nur ein erstklassiges, andernfalls könntest ja gleich das Fett mit dem Löffel aus dem Fritter fressen. Und spätestens als dann Köche wie der Witzigmann oder der Karl Eschlböck aus Plomberg am Mondsee aufkamen und modern und berühmt wurden, bin ich als Esser so richtig eingestiegen. Als interessierter. Und als Gast. Was außerdem wesentlich zu meiner kulinarischen Entwicklung beigetragen hat, das waren zum einen zwei Köche im *Spektakel* in der Nähe vom Naschmarkt, wo ich seinerzeit sehr oft aufgetreten bin. Zwei Burschen, die im *Steirereck* gelernt und dann Wirtshausküche auf erstaunlichem Niveau betrieben haben. Und zum anderen war mein erster Achtgangler im *Steirereck* ein nachhaltiges Erlebnis. Seither weiß

Der Chef legt Hand an. Vor allem ans Reisfleisch darf nur Hanno Pöschl ran.

ich, wie es in der Spitzengastronomie aussehen kann und aussehen muss. Und seither fall ich auch auf Betrüger nicht rein. Auf solche, die mir bei der Nachspeis den Teller mit einer Stern- oder sonst irgendeiner Frucht verzieren, die ich am Markt bestenfalls zurück-g'schmissen hätt, anstatt mir zu sagen, dass ich mir die Frucht dazu denken muss, weil's einfach keine g'scheiten gibt an diesem Tag."

Seit sechs, sieben Jahren versucht sich der im Oktober 1947 geborene Resetarits inzwischen auch selbst am Herd. „Kochen", sagt er, „kann man das aber nicht nennen. Es ist mehr so ein Herantasten. Macht aber riesengroßen Spaß." Und hat nichts damit zu tun, dass er sich Sorgen um die von ihm so sehr geliebten „richtigen" Wirtshäuser macht und damit einhergehend um sein leibliches Wohl. Sorgen speziell um die Wirte auf dem Land. Jene Gaststätten, in denen man nach dem Mittagsg'schäft sitzen bleibt bis das Abendg'schäft losgeht. Und oft auch drüber hinaus. „Die sterben, fürcht ich, langsam aus. Weil ihnen die Sitzenbleiber wegsterben und keine nachkommen. Also rentiert es sich nicht mehr, durchgehend offen zu haben. Aber gerade dieses Sitzenbleiben nach dem Essen bedeutet unendlich viel Lebensqualität. Das Reden, und ich weiß, wovon ich rede, denn ich bin auch sitzen geblieben, hin und wieder zwölf Stunden am Stück, das Schmähführen, das Politisieren, das Noch-ein-Flascherl-Trinken und das Pflegen der sozialen Kontakte. Bald wird es das nur noch in Ausnahmefällen geben."

Im „Immervoll", das jetzt um kurz nach acht aus allen Nähten platzt, wird von Mittag an bis in die Nacht serviert. „Aber ich", sagt Pöschl, „mach heut sicher nicht Sperrstund. Ich muss morgen Früh nämlich zeitig raus und für Reisfleischnachschub sorgen."
„Wird gut sein", sage ich. Und kurz bevor Rudi, Lukas und ich uns auf den Weg machen, weil im Fernsehen bald die Liveübertragung einer Rapid-Partie in der Europa League beginnt, frage ich Lukas noch nach dem Stellenwert, den Essen in seinem Leben genießt. Nichts ahnend, dass ich damit eine wunderbare Abschlusspointe bekomme.
„Essen", sagt Lukas, „ist eine lebensnotwendige Sache und trotzdem mehr als nur Nahrungsaufnahme. Also versuche ich das Essen so zu gestalten, dass es mir Vergnügen bereitet."
Da ergreift Pöschl das Wort. „Mit dem Essen ist es demnach wie mit dem Sex. Laut katholischem Glauben dient der Sex ausschließlich der Fortpflanzung. Des is a Schmäh ..."
In diesem Sinne: Mahlzeit!

Von Gelsen und Rindsuppen und einem Buffet-Verweigerer in einer zufälligen Dependance

Mit dem ORF-Society-Reporter **Dominic Heinzl** im Wirtshaus **„Steirerstöckl"**

Draußen liegt noch Schnee von gestern, jetzt prasselt Eisregen nieder und der Wald ringsum verschwindet schön langsam im Dunkel des späten Nachmittags im frühen Jänner. Doch drinnen ist es heimelig und wohlig warm und unglaublich urig. Der Gelbe Muskateller mundet herrlich und die Sulz vom Waldschwein als Vorspeise nicht minder. Im holzgetäfelten Gastraum steht ein alter Ofen, an den Wänden hängen Bilder, die Kellnerin trägt Dirndl, die Kellner tragen Tracht. Steirisches Wirtshausambiente weit draußen in Pötzleinsdorf und keineswegs Schihütten-Romantik, auch wenn das jetzt vielleicht ein bisserl so klingen mag. „Also", sagt Peter Goach, der Wirt, schenkt nach und bemüht sich stimmlich um Bedeutungsschwere. „Die Sache verhielt sich wie folgt: Es war einmal ein Dominic, der war zeit seines Lebens auf der Suche nach dem perfekten Steirer. Perfekt vom Aussehen her, vom Intellekt und natürlich auch vom Schmäh. 1998 an einem lauen Sommerabend hat er ihn schließlich gefunden. Hier am Waldesrand in einem ehemaligen Schutzhaus. Und zwar in meiner Person."
„Ein bezauberndes Märchen", grinst Heinzl. „Wahr ist vielmehr, dass meine erste Erinnerung an das *Steirerstöckl* eine ganz fürchterliche ist. Das Einzige, was an der G'schicht vom Peter stimmt, ist die Jahreszahl."
1998 also verschlug es den damaligen Gesellschafts-Reporter des ATV-Vorgängers W1 in besagtes Wirtshaus. Die *Austria Tabak* hatte zu einem, wie es auf gut Neudeutsch heißt, *Event* geladen, und Heinzl, seit 11. Jänner 2010 Gesellschafts-Frontman des ORF, rückte mit Kamera, Licht, Ton und Technik an. Und hatte die Rechnung ohne die Gelse gemacht.

Kitschig schön nicht nur im tiefsten Winter: Peter Goachs Steirerstöckl weit draußen in Pötzleinsdorf

„Es war unmöglich, hier auch nur eine Sekunde zu arbeiten. Eine regelrechte Invasion, die Hölle, ein Horror. Kaum ist das Kameralicht angegangen, weil ich jemanden interviewen wollte, waren wir umschwärmt von hunderten von diesen teuflischen Tieren. Und essen hast nix können und die Lust am Trinken ist einem auch sofort vergangen. Schauerlich war das."

Jahre später und einige mehr oder weniger gewollte Treffen – der „perfekte Steirer" war eine Zeit lang mit der Ö3-Societyreporterin Claudia Stöckl liiert –, übersiedelte Dominic Heinzl aus dem 3. in den 18. Bezirk und erinnerte sich eines Wirtshauses, gelegen gleichsam ums Eck seines neuen Domizils, in dem er einst nicht aß, sondern zerfressen wurde.
„Ich hab also, das war 2004 und abermals im Sommer, einen neuerlichen Versuch unternommen und mich in der ersten, respektive in der zweiten Sekunde in dieses Lokal verliebt. Du wähnst dich hier mitten auf dem Land, der Gastgarten ist der schönste Wiens, die Kellner sind nett und kompetent, das Gebäude erinnert an ein Knusperhäuschen, das Essen ist hervorragend, nix ist gekünstelt und der Wirt ein feiner und lustiger Kerl. Und inzwischen auch ein Freund. Und, und das ist ganz wesentlich: Es gibt keine Gelsen mehr."
„Ich kenn da", grinst G'schichtldrucker Goach, „einen ehemaligen Militärpiloten, der fliegt ein-, zweimal im Sommer mit seiner zweimotorigen Cessna zwischen sieben und acht Uhr in der Früh über mein Wirtshaus, und die Leut unten im Tal wundern sich über den kurzfristigen Hochnebel".
Heinzl lacht. „Und wenn sie nicht deswegen gestorben sind, die Gelsen, dann leben sie heute aus anderen Gründen nicht mehr."

Das *Steirerstöckl* gibt es sei 1996. Und es gibt es dank eines glücklichen Zufalls. Goach, Jahrgang 1968 und ein Wirtshauskind aus der Weststeiermark, arbeitete damals im *Barfly's*, war aber schon länger auf der Suche nach etwas Eigenem. Nach etwas Steirischem in Wien. Denn viele der vielen Wiener

Chef Peter Goach auf „Kontrollgang" in der Küche

Stammgäste im elterlichen *Jagawirt* in Sommereben nahe der Schilcher-Weinstraße, seit 1896 im Besitz der Familie, wünschten sich eine Wiener Dependance dieses längst legendären Gasthauses am Fuße des Reinischkogels.
„Ich war damals auf dem Weg in die Arbeit und, was selten vorkam, zu früh dran. Also hab ich mich in ein *Segafredo* gesetzt und einen Kaffee getrunken. Da kam ein Zeitungsverkäufer mit einem *Bazar* herein, und da mir fad war, hab ich mir einen gekauft. Und was finde ich? Ein ehemaliges, seit Jahren leer stehendes Schutzhaus in Pötzleinsdorf, das zu haben war."
Und obwohl es sich um eine völlig verfallene Bruchbude gehandelt hatte, schon wenige Wochen später war Eröffnung. Damals stand Goach noch selbst in der Küche, bewirtet wurden die Gäste ausschließlich am Wochenende, denn unter der Woche wurde ein halbes Jahr lang gehämmert und gepinselt, gemauert, saniert und ausgebaut. Der Rest ist (Erfolgs-)Geschichte.
„Zu 80 Prozent kommen die Produkte, die bei uns verarbeitet und serviert werden, aus der Steiermark. Der Weißwein sowieso und der Schnaps, der aus unserer eigenen Brennerei stammt, aber auch das Gemüse und das Fleisch. Speziell die inzwischen berühmten Waldschweine, die mein Vater als einer der Ersten in der Steiermark zu züchten begann."
Und bei den Gästen handelt es sich inzwischen auch zu rund 80 Prozent um solche, denen ein „Stamm-" vorangestellt werden kann.

Einer davon ist Dominic Heinzl, und dessen erste 30 Jahre seiner kulinarischen Geschichte sind rasch erzählt. Zu Hause kochte vornehmlich die Haushälterin, da die Eltern Unternehmer waren und wenig Zeit und noch weniger Lust hatten, selbst am Herd zu stehen. Die Küche im Knabeninternat in Hollabrunn trug schließlich auch nicht unbedingt dazu bei, dass der verhinderte Priester –

Links: Freunde seit Jahren: Gesellschaftsreporter Dominic Heinzl und Wirt (und mehr) Peter Goach.
Fleischlaberl vom Waldschwein aus der Steiermark. Was auf den Teller kommt, kommt großteils von zu Hause.

Nicht nur Wirt: Die Badelederhosen sind Goachs Erfindung.

ja, das wollte er tatsächlich einmal werden – zum Gourmet heranreifen konnte. „Und zwischen 20 und 30 hab ich mich dann in erster Linie von Junkfood im weitesten Sinn ernährt", erinnert sich der 1964 in Hollabrunn geborene Jetzt-Schon-Doyen der österreichischen Fernseh-Gesellschaftsberichterstattung. Daran, dass er doch noch zum Sachverständigen in Fragen der guten Küche avancierte, war der Beruf schuld. „Ich war 30 und hatte einen Termin im *Steirereck,* und das war das Schlüsselerlebnis. Da habe ich zum ersten Mal begriffen, was wirklich ganz große Küche ist." Einmal auf den Geschmack gekommen, frequentierte der junge Journalist Häuser wie das eben erwähnte in der Folge immer öfter. Learning-by-eating sozusagen. Um heute, rund 15 Jahre nach seinem „Einstieg" in die Welt der Hauben und Sterne, eines klarzustellen: „Inzwischen gehe ich lieber wieder ins Wirtshaus, speziell in dieses, denn hier erlebe ich das Eigentliche und Ursprüngliche auf hohem Niveau. Bei aller Liebe zu den Luxustempeln, aber sie müssen nicht täglich sein. Man geht ja auch nicht täglich ins Burgtheater."

Apropos täglich: Bis auf einen freien Tag pro Woche ist Heinzl beruflich täglich auf Achse. Und eines hat er dabei zu seinem Prinzip erhoben, er verweigert Buffets.
„Eine Unkultur", sagt er. „Da steht man sich mit dem Teller in der Hand gegenüber und spuckt sich beim Reden gegenseitig ins Essen. Ohne mich. Wenn ich esse, will ich essen. Im Sitzen, mit Freunden und gern auch mit einer Kerze auf dem Tisch."
Im Sitzen, mit Freunden und mit einer Kerze auf dem Tisch, nicht selten passiert das auch bei ihm zu Hause. Freundin Sonja, mit der Heinzl seit 1998 liiert ist, sei berühmt für ihre Rindsrouladen, mehr noch für ihr gekochtes Rindfleisch und ganz besonders für ihre famosen Rindsuppen. Und Sonjas Mutter fürs Paprikahuhn, das sie hin und wieder aus dem fernen Gänserndorf in den 18. Bezirk liefert, und dann gleich in derart rauen Mengen, das sich Sonja

und Dominic eine Woche davon ernähren können. Und auch für Rindfleisch und Rindsuppe gilt: Es wird stets auf Vorrat gekocht.
„Das erzählt er nicht nur, das stimmt wirklich“, pflichtet Goach bei. „Ich hab mich schon einige Male davon überzeugen dürfen. Paprikahendl, Rindsuppe, Rindsrouladen und gekochtes Rindfleisch bei den beiden sind wirklich eine Sensation.“
Hin und wieder kommt auch Asiatisches auf den Tisch, und dafür zeichnet dann Dominic verantwortlich. „Am Wok“, sagt er, „bin ich durchaus talentiert.“

Dominic Heinzl, ein Mann mit gutem Riecher

Und offensichtlich nicht nur am Wok. Als der Kellner abermals die Gläser füllt und Dominic das seine zum Mund führt, wird er stutzig und steckt die Nase rein. „Das ist jetzt aber kein Muskateller mehr, das ist“, sagt er, ohne gekostet zu haben und in Wahrheit mitten im Gespräch, „ein Sauvignon“.
Ich koste und pflichte bei. Und bin einigermaßen erstaunt. Dass es sich hier nicht um einen Muskateller handelt, ist auch mir klar, aber den Nachschub sogleich richtig als Sauvignon zu identifizieren und das nur mittels Nase: Respekt.
„Ein Fachmann offensichtlich“, sage ich. „Fachmann nicht unbedingt, aber familiär vorbelastet“, sagt Dominic und verrät, dass der Vater, ein Landmaschinenhändler, einst sein Hobby zum Zweitberuf gemacht hat und Nebenerwerbswinzer wurde. „Heute kümmert sich mein Bruder um das Weingut Heinzl und macht hervorragende Weine. Sein Veltliner beispielsweise ist ausgezeichnet, und das in mehrfacher Hinsicht.“

Und morgen, beschließen wir wenig später, werden wir unsere Autos mit dem Taxi holen. Die lassen wir an diesem Abend aber nicht wegen des Eisregens stehen, sondern wegen der improvisierten Blindverkostung, zu der uns Coach nun wegen Heinzls gutem Riecher „nötigt“.

Ein Stamm- und ein Premierengast, Totenköpfe im Keller und wo man hinschaut Josefs

Mit dem Satiriker **Florian Scheuba** und dem Schauspieler **Robert Palfrader** im Gasthaus **„Zur Dankbarkeit“**

Robert Palfrader sitzt noch nicht einmal so richtig, da stellt ihm Ober Josef die *Jiddische Hühnerleber* bereits unaufgefordert auf den Tisch. Und kaum hat der gern gesehene Gast den ersten Bissen theatralisch genossen, muss er auch schon den Empörten mimen. „Weg mit deinen Fingern“, zischt er und hält seine Hände schützend über das kleine Einmachglas, als Florian Scheuba Anstalten macht, sich dem Tiegel mit dem köstlichen Inhalt listig mit dem Löffel zu nähern. „Nix kriegst, bestell dir deine eigene!“ Und um seiner – sozusagen exklusiven – Begeisterung mit Nachdruck Ausdruck zu verleihen, schmaust Palfrader die Terrine fortan äußerst geräuschvoll. Glückseliges Schmatzen eines bekennenden Essers. Dann nimmt er einen Schluck vom Biere, der ganz offensichtlich auf gehörigen Durst schließen lässt, und murmelt ein anerkennendes „ein Golser“. Scheuba schaut auf. „Ein was?“ „Hörst schlecht? Ein Golser. Ein Bier aus dem burgenländischen Weinort Gols.“ „Das ist ja wie ein Riesling aus München“, bemerkt der Freund und Bühnenpartner, vertieft sich wieder in die Weinkarte und ordert schließlich als Appetitanreger die für viele Stammgäste (und solche, die es erst werden müssen) traditionelle, ja im Grunde obligatorische Hühnerleber, sowie eine Flasche vom zehn Jahre alten Grauburgunder aus dem Hause Josef Lentsch, sprich einen Wein aus den Weingärten des Wirts.

„Die Hühnerleber hat mich vor Jahren regelrecht an dieses Haus gefesselt“, schwärmt Palfrader zwischen zwei Bissen und tut nun so, als wäre er doch bereit, dem Nachbarn zur Linken gnadenhalber ein bisserl was abzutreten. Was aber wohl in erster Linie daran liegt, dass Ober Josef mit dem weiteren kleinen Einmachglas in unsere Richtung unterwegs ist und Palfrader diesen erfreulichen Umstand soeben registriert hat.

Links: Die Hühnerleber wird unaufgefordert serviert.
Josef Lentsch, Wirt und Winzer, ein alter und ein neuer Gast und gute Laune nicht nur wegen der ebensolchen Küche.

„Was hast denn da?"

 Mit Florian Scheuba und Robert Palfrader im Gasthaus „Zur Dankbarkeit"

„Gib her amal …“

„Schon ein seltsamer Zufall, dass ich hier noch nie war", schüttelt Premierengast Scheuba wenig später den Kopf. „Dabei kenne ich aufgrund vieler Tourneen nahezu jedes Postkastl in Österreich, in dem man halbwegs gut essen kann."

Hier, im *Gasthaus zur Dankbarkeit* in Podersdorf am Neusiedler See, isst man nicht nur halbwegs gut, hier isst man ganz besonders gut. Und das in dritter Lentsch-Generation und im Sommer im wunderschönen Garten im Hinterhof mit den Skulpturen auf der Wiese.
Als wir schließlich nach mehreren Gängen – das Herz von der Gans, Zander, Waller, Entenbrust, Blunzn mit Paprikakraut, Gekochtes vom Steppenrind und Gebratenes vom Mangalizaschwein – herrlich satt sind aber keineswegs überfressen, führt uns Josef Lentsch in sein Heiligtum, den Keller. Auf manche Kartons hat er Totenköpfe gezeichnet. Freilich nicht, weil es sich um mit Glykol versetzte Restbestände aus längst vergangenen Zeiten des Betrugs – nicht nur am Trinker – handelt,

sondern schlicht um besondere Schätze. „Flaschen, die nur ich aufmachen darf. Oder solche, die nur mit meiner Erlaubnis geöffnet werden dürfen."
Palfrader und Scheuba stöbern wie andere Menschen in einer Bücherei stöbern, ziehen da eine Flasche raus und dann dort eine, beäugen die zu einem großen Teil sehr edlen Tropfen voller Ehrfurcht und legen sie behutsam wieder zurück.
Und dann erzählt Lentsch vom Großvater, auch schon ein Josef, und davon, dass sich der Vorfahre anno 1924 den Traum vom eigenen Wirtshaus erfüllen konnte, obwohl er in den Jahren des Ersten Weltkriegs und jenen danach seine gesamten Ersparnisse verloren hatte. „In einem einfachen Zinshaus in der Seestraße hier in Podersdorf hat es sich befunden und schlicht und einfach *Gasthaus Josef Lentsch* geheißen."
Aber damit hatte Josef I. noch lange nicht ausgeträumt. Ein eigenes Haus sollte es eines Tages sein, in dem er die Gäste bewirten konnte. Und erfüllte ihm der liebe Gott diesen sehnlichen Wunsch, Lentsch würde es ihm danken und die Gaststätte *Zur Dankbarkeit* nennen.
1934 schließlich wechselte ein von Zisterziensermönchen erbautes Gebäude seinen Besitzer, das zwischenzeitlich auch einem preußischen Grafen als Zweitwohnsitz gedient hatte, und wurde als Gasthaus adaptiert – die Geburtsstunde der *Dankbarkeit.*

Lentschs Heiligtum, der Keller. Und die Totenköpfe sind eine Warnung der anderen Art …

„Und das war ein G'schäft?“, meldet sich nun auch Rudi zu Wort, der eine Pause einlegen muss, weil das Kameraobjektiv im Keller angelaufen ist. „Tourismus hat es wohl noch keinen gegeben.“
„Stimmt, von ein paar Ausflüglern aus Wien abgesehen“, sagt Lentsch. „Daher auch von Beginn an das zweite Standbein, der Weinbau.“

1959 übernahm dann der nächste Lentsch. Wieder ein Josef. „Da ging's dann auch schön langsam so richtig los mit dem Tourismus, also hat mein Vater das Gasthaus renoviert und ausgebaut. Und ganz besonders richtungsweisend war dann ein Entschluss, den er in den 1970er Jahren gefasst hat. Damals haben kulinarische Seltsamkeiten wie Steak-Hawaii die Speisekarten der Gegend beherrscht, doch dem wollte er sich nicht anschließen. Oder nicht aussetzen. Im Gegenteil, er wollte mit einer burgenländisch-pannonischen Küche einen qualitativ hochwertigen Kontrapunkt setzen.“
Die Feinschmecker haben es ihm gedankt, das Gasthaus begann zu florieren.

Seit 1989 regiert Josef III. Der renovierte abermals und mit sehr viel Liebe zum Detail, um dem Wirtshaus, wie er sagt, „das Ursprüngliche zurückzugeben“. Das ist ihm gelungen.
Gleich wenn man hereinkommt vier Tische und die Schank, wo sehr oft auch die – und das ist nicht despektierlich gemeint – einfachen Leut aus der Gegend ihr Mittagessen zu sich nehmen. Keine Spur von Schwellenangst also, auch wenn der langgezogene Nebenraum vergleichsweise vornehm anmutet.

Mindestens genauso groß wie die Liebe zum guten Essen ist Lentschens Liebe zum guten Wein. Dementsprechend

Links der Schankraum, oben der Gastraum. Burgenländische Gemütlichkeit unweit der Gestaden des Neusiedler Sees . .

groß sein Ehrgeiz, was die Qualität des eigenen betrifft. Einen leichten Welschriesling macht er, einen trockenen, leicht blumigen Muskat Ottonel und einen sehr kraftvollen und aromatischen Pinot gris. Bei den Roten gilt das Hauptaugenmerk der Sorte Pinot noir und dem Zweigelt, und seit dem Jahrgang 2000 gibt es auch je eine weiße und rote Cuvee mit Namen *Dankbarkeit.* Nicht zu vergessen (und noch weniger zu verachten) die Edelsüßweine, mit denen Lentsch Preise noch und noch gewinnt. Die zum Käse, aber hallo ...

„Und jetzt", sagt der Chef, „gehen wir wieder rauf und trinken einen Pinot noir".

Niemand widerspricht.

Was an dieser Stelle erwähnt werden muss: Die Weine aus dem Hause Lentsch sind nicht nur über die – wie's so schön heißt – *Gassn* absolut erschwinglich, auch wenn man sie im Lokal zum Essen bestellt, ist der Aufschlag minimal. „Das animiert viele Gäste, meine Weine zu trinken.

Und wenn sie ihnen dann auch noch schmecken, nehmen sie gleich ein paar Flaschen mit."

Und dann überlässt uns Lentsch, weil er einen Termin in Sachen Wein hat, der Obhut seiner Tochter, die Christine und nicht Josefine heißt und (selbstverständlich) gerade die Weinbauschule besucht.

„Und nicht, dass das der erste und gleich wieder der letzte Besuch bei uns war", sagt Lentsch im Gehen zu Scheuba.

„Bestimmt nicht." Und das ist als Versprechen genauso nicht leer wie es auch unsere Gläser nicht sind.

„Und jetzt, ihr zwei, müssen auch wir noch ein bisserl was arbeiten. Denn beim Essen haben wir vor lauter Essen aufs Reden vergessen", sage schließlich ich und stelle das Diktiergerät auf den Tisch.

„Was willst denn wissen?", fragt Palfrader.

„Wie Feinschmecker und Weinliebhaber aus euch beiden wurden."

„Ich war's quasi vom Kleinkindalter an. Feinschmecker mein ich", erzählt Palfrader, Jahrgang 1968 und gebürtiger Wiener mit Südtiroler Wurzeln. „Die Oma mütterlicherseits hatte ein Gasthaus, ein Opa war Hotelier, ein Onkel 17 Jahre lang Restaurantleiter im *Sacher,* außerdem hatte die Familie eine ausgezeichnete Fleischhauerei. Bei uns zu Hause wurde also stets auf höchstem Niveau gegessen."

Er selbst begann nach dem Bundesheer im Alter von 19 als Kellner im *Marriott,* stieg rasch zum *Chef de Rang* auf, hatte mit 21 genug und ging nach Baden in die *Krainerhütte.* Dort allerdings hatte er noch schneller genug und kaufte mit 22 ein Lokal, das *Café Torberg,* um dieses mit 25 wieder zu verkaufen. „Zwar Gewinn bringend, aber von der Gastronomie als Beruf war ich trotzdem geheilt. Und was den Wein betrifft, so hat mich mein Vater geprägt. Der hat stets erklärt, er wäre zu alt, um schlechten Wein zu trinken. Das mag präpotent klingen, zeugt aber in Wahrheit nur von der Liebe zu diesem Getränk und von der Ehrfurcht vor Winzern. Also halte ich es genauso. Und was mein Verständnis betrifft, so macht bekanntlich nicht zuletzt Übung den Meister."

Scheuba, Jahrgang 1965, war ebenfalls von (zu) Haus aus verwöhnt. „Meine Eltern haben großen Wert auf gutes Essen gelegt. Das Schlüsselerlebnis aber hatte ich mit 18 in Florenz. Ich wollte meine damalige Freundin beeindrucken und habe einen Tisch in der damals noch sehr, sehr guten *Enoteca Pinchiorri* ergattern können. Zum gewählten Menü gab es glasweise Weinbegleitung, und bei jedem neuen Wein hab ich mir nur gedacht: ‚Na bumm, gibt's das ...?', ‚Na wusch, der is ja noch besser!'. Und damit war's um mich geschehen. Am darauf folgenden Tag bin ich in eine Vinothek, hab ein paar Flaschen gekauft und mich fortan mit Nachdruck und stets wachsender Neugier dem guten Wein und dem guten Essen verschrieben."

Der Pinot noir ist ausgetrunken, der späte Nachmittag angebrochen.
„Noch ein Flascherl?", fragt Ober Josef.
„Nein, danke", sagt Scheuba. „Wenn auch schweren Herzens."
Palfrader und Scheuba haben am Abend einen Auftritt in Eisenstadt. Zeit also zu gehen.
Was Scheuba nicht weiß, wir anderen hingegen schon und ihm daher verraten: Man kann die *Jiddische Hühnerleber* im kleinen Einmachglas auch mitnehmen. Ab Hof quasi. Und so stehen wir wenige Minuten später in der pannonischen November-Düsternis auf dem Parkplatz vor dem schönen alten Haus, jeder mit einem Sackerl in der Hand und um drei Flaschen Wein und eine Hühnerleber reicher. Und um die Erkenntnis – im Falle Scheuba die erstmalige –, dass man hier so richtig gut isst.
Und dann fährt man, erfüllt von Dankbarkeit, wohin auch immer. Dankbarkeit nicht zuletzt dem Küchenchef gegenüber. Und der heißt, wie sollte es hier auch anders sein, natürlich Josef.

Eine Schank als Geschenk in einem „idealen“ Lokal

Mit den Spitzengastronomen **Eveline** und **Walter Eselböck** bei den Sodomas im **„Gasthaus zur Sonne“**

Und wenn sie schon draußen nicht scheint, was soll's, drinnen nämlich tut sie es. Drinnen nämlich geht die Sonne spätestens dann auf, wenn Pepi Sodoma in der urigen Gaststube serviert, was seine Frau Gerti in ihrer Küche nahe der wunderbaren alten Schank zuvor gezaubert hat. Ente beispielsweise, für die die Gerti besonders berühmt ist, oder Grammelknödel oder Kalbsleber oder, oder, oder ...

Vor gut 20 Jahren inzwischen hat es sich auch bis ins ferne Burgenland durchgesprochen, wie gut man bei den Sodomas isst. Und seither ist es Eveline und Walter Eselböck herzlich egal, dass Tulln in Niederösterreich nicht unbedingt ums Eck von Schützen nahe Eisenstadt liegt. 112 Kilometer sind das, um ganz exakt zu sein. Von Ort zu Ort. Vom Vierhauben-Luxusrestaurant (mit angeschlossener Greißlerei fürs Bodenständigere) zum Zweihauben-Wirtshaus.

Aber wenn man am eigenen Ruhetag statt zu ruhen doch lieber eine kleine Genussreise zu tun gedenkt, dann ist die Distanz eben kein Thema.
Schon gar nicht für Menschen, die so gern essen wie Eveline und Walter, Herrin und Herr über den *Taubenkobel*, für den mir jetzt kein adäquates Adjektiv einfällt und über den ich am liebsten ein eigenes Buch schreiben möchte, so sehr liebe ich diesen nicht nur kulinarisch so unbeschreiblichen Flecken Erde unweit des Neusiedler Sees.
„Ein Baumeister aus Parndorf hat uns erstmals hierher zum Pepi verschleppt“, erinnert sich Walter. „Und ich war ...“
„*Wir* waren ...“, unterbricht Eveline, die weiß, was ihr Mann sagen wollte. „*Wir* waren sofort begeistert. Von der Küche einerseits, von den Wirtsleuten zum anderen. Wir sind auch sehr rasch gute Freunde geworden.“
„Was soweit geht“, ergänzt nun er, „dass wir gemeinsam mit der Gerti und dem Pepi irgendwohin fliegen oder fahren, nur um gut zu essen und gut zu trinken und ausschweifend über Essen und Trinken zu reden. Unlängst waren wir in Spanien, um zwei Tage nichts anderes zu tun, als zu genießen.“
„Die beiden“, und nun ist wieder Eveline am Wort, „geben alles für gutes Essen und gutes Trinken. Das verbindet uns ungemein. Ihr Enthusiasmus, unser Enthusiasmus. Ihr Leben für Genuss

1/4 Roter s.
1/4 Spezial s.
24

Gerti Sodoma (mit Sohn) bestens gelaunt in ihrem Element

und Qualität, unser Leben für Genuss und Qualität."
„Er, der Pepi", und jetzt ist wieder er dran, „fährt beispielsweise am späten Nachmittag von Tulln nach München, nur weil er gehört hat, dass es einen neuen und angeblich ganz tollen Fischhändler gibt, den er sich anschauen will. Und dann fährt er wieder zurück. In der Nacht. Einfach so."
So geschehen am Tag und in der Nacht vor unserem Besuch. Dementsprechend ein bisserl müde schaut er auch aus, der Chef, wie er so die Teller und die Flaschen durchs Lokal jongliert, quer durch die heimelige Gaststube rüber in den ebenso gemütlichen *Speisesaal,* wie es auf der alten Glastür zum Nebenraum eingeschliffen geschrieben steht. Heimgekommen kurz vor dem Morgengrauen und schon wieder im G'schäft.
Ab und zu wirkt er ein bisserl grantig, der Pepi Sodoma, sagt zumindest so mancher Gast. Der Eselböck zum Beispiel. Aber Sodoma ist es nicht. Im Gegenteil, er ist ein Herzensguter, der halt manchmal ein bisserl bös schaut, wenn er wie ein Bär durch sein Lokal

Schweinsbraten, Zander und zwei rundum zufriedene Eselböcks

schlurft. „Für mich“, sagt er, „gibt es nichts Schlimmeres, als Gäste wegschicken zu müssen, weil wir voll sind“. Und voll sind sie sehr oft in ihrem alten, fast herrschaftlichen Eckhaus mit seinen unendlich hoch erscheinenden Räumen direkt an der Straße.
Oft voll waren sie auch früher schon, vor vielen Jahren. Damals als die Gerti noch in der Bahnhofsrestauration zu Tulln gekocht und er in selbiger serviert hatte. Aber sie wollten ihr eigenes Lokal. Und dann fanden sie die alte Schank. Die war es nämlich, die es den beiden so unendlich angetan hatte. Die alte Schank in der Gaststätte unweit des Bahnhofs, die eines Tages zu haben war. Nicht nur die Schank, das ganze Wirtshaus war zu haben. Bahnhofstraße 48. „Diese Schank war“, erinnert sich der Pepi, „tatsächlich mitentscheidend, dass wir dieses Lokal zu Beginn der 1980er gepachtet und schließlich auch gekauft haben. In diese Schank waren wir sofort verliebt, die war wie ein Geschenk.“

Irgendwann in den späten 1980ern war der *Sodoma* dann endgültig nicht mehr

nur eine Tullner Selbstverständlichkeit, sondern auch ein Geheimtipp für Genießer aus Wien. „Und daran“, sagt Walter Eselböck mit vollem Mund, „der Schweinsbraten ist übrigens wunderbar, bin ich nicht ganz unschuldig. Denn ich hab viele Wiener, die auch bei uns zu Gast waren und von denen ich wusste, dass sie mit gutem Essen viel im Sinn haben, zum Pepi geschickt. So genannte *Opinionleaders*, kulinarische jedenfalls.“ Ein Geheimtipp ist dieses Lokal daher freilich längst nicht mehr. Vielmehr ist es eine der wesentlichsten gastronomischen Bastionen Niederösterreichs, deren Wirt, der Pepi, übrigens ein Burgenländer ist.

Nicht nur Sodoma, auch Eselböck ist ausgewandert. Der machte als gebürtiger Wiener im Burgenland Karriere, wenngleich diese anfangs nicht unbedingt eine aus dem Bilderbuch war. Zu Beginn, mit 18, war der Schulabbrecher Discjockey in der *Wulka Bar* in Trausdorf, und dort stand Eveline, sehr junge, aber schon sehr lebenslustige 15, hinter der Bar, weil der Laden ihrem Vater gehörte. Und das Mädel machte dem DJ schöne Augen. Und der DJ dem Mädel,

Dem, was da auf der Jacke des Kellners steht, ist wahrlich nichts hinzuzufügen.

das heute als größte Weinexpertin dieses Landes gilt und darüber hinaus vierfache Großmutter ist, was freilich nur ganz schwer zu glauben ist.
Zwei Jahre später wurde geheiratet.
Zu diesem Zeitpunkt betrieben die beiden einen Heurigen in Rust, und der *Taubenkobel* war eigentlich nur als privates Wohnhaus gedacht.
Eveline lächelt und schenkt uns nach.
„Der Pepi hat herrliche Weine! Aber da das Wohnhaus stets voll mit Freunden war, deren Bewirtung wir uns irgendwann nicht mehr leisten konnten, entstand die Idee zum Wirtshaus."
Rudi, rundum zufrieden mit dem, was er bisher fotografiert hat und inzwischen wieder bei uns am Tisch sitzend, runzelt die Stirn: „Und wie wird aus einem DJ ein Vier-Hauben-Koch?"
„Natürlich bedarf es eines Schlüsselerlebnisses. Das hatte ich irgendwann Mitte der 1980er. Zu diesem Zeitpunkt war der *Taubenkobel* schon ein Wirtshaus und Leute wie Erich Fried oder der Qualtinger zählten zu unseren Gästen. Ausstellungen hat es gegeben und Konzerte und Lesungen. Und irgendeiner von den Gästen hat eines Abends gemeint, ich sollte mal nach München, denn dort würde einer kochen, den ich mir anschauen sollte. Ein gewisser Witzigmann."
„Das heißt", folgere ich, „dass man mit deinen Kochkünsten nicht zufrieden war."
Walter lacht. „Was heißt mit meinen? Wir hatten einen Koch. Ich wusste zu diesem Zeitpunkt nicht einmal, wie man eine Rindsuppe aufstellt. Aber nach diesem Trip nach München war's völlig um mich geschehen. Ich war zeit meines Lebens ein ständig Suchender. Ich wollte Maler werden oder Grafiker und plötzlich dachte ich, dass es das Kochen wäre, wo ich die Kreativität ausleben könnte, die in mir schlummerte. Also habe ich ein paar Kochkurse, zum Teil bei guten Leuten besucht, um mir zu allererst die Technik anzueignen. Ich war verbissen und unglaublich ehrgeizig und fünf Jahre später *Koch des Jahres*."
„Eine schöne Watschn für die Profis", bemerkt Rudi.
„Allerdings. Und darum gelte ich in der Branche noch immer ein bisserl als Exot."
„Wie kochst du?", frage ich. „Außer gut."
„Ich bin ein Kopf-Koch, kein Bauch-Koch. Das heißt, dass all meine Gerichte konstruiert sind, sie sind ganz genau ausgeklügelt, wofür es natürlich auch Fantasie braucht. Auch wenn das jetzt hochtrabend klingt: Ich möchte perfekt sein. Soll heißen, dass ich den Anspruch an mich stelle, den Ansprüchen gerecht zu werden. Ich steh nicht da und schmeiß was in den Topf und weiß dann nicht mehr, was oder wie viel es war. Aber Küche allein ist ohnehin nicht einziges Ausdrucksmittel. Ich lege großen Wert auf Tischkultur, wie Essen auf dem Teller aussieht. Es geht ums Gesamte, da ist das Kochen nur ein Bestandteil."
„Wird kochen nie langweilig?"
„Doch, wenn es zur Routine wird. Man muss sich also immer wieder herausnehmen, um das Spiel mit der Lust neu spielen zu können."
„Und wodurch definiert sich ein gutes Lokal?"
Eveline ergreift das Wort. „Dadurch, dass man, wenn man die Augen

Pepi, Eveline, Walter und Gerti. Immer wieder besuchen sie sich gegenseitig, immer wieder verreisen sie gemeinsam.

schließt, weiß, in welchem Lokal man sitzt. Ein Lokal sollte regional verwurzelt sein. Jedenfalls die Lokale auf dem Land. Ich halte nichts von der Globalisierung der Küchen. Wir beide nicht. In der Großstadt sind Themenschwerpunkte natürlich erlaubt. Darum gehen wir in Wien auch gern zum guten Asiaten."
„Mach einmal", sage ich, „die Augen zu und sag mir, wo wir sind".
Eveline lacht. „Beim Pepi."
„Und", an Walter gerichtet, „wie hat der Schweinsbraten auf dem Teller ausgesehen?"
„So, wie er in einem guten Wirtshaus auf dem Land aussehen muss, wo man sich keinen Moden hingibt."

Das Mittagsgeschäft ist gelaufen, Gerti und Pepi Sodoma atmen durch und setzen sich zu uns. Lose Ideen werden angedacht, welche gemeinsame Reise oder welchen Städtetrip man machen könnte zu viert in absehbarer Zukunft.
„Der Pepi", sagt Walter, „ist durch mich auf Kroatien gekommen. Und jetzt kennt er sich dort fast schon besser aus als ich. Er ist wirklich besessen. Wo dieser Mann immer wieder neue Winzer oder Schnapsbrenner oder Lokale ausgräbt, das ist wirklich unglaublich."
Pepi Sodoma lächelt.
„Gibt es", frage ich, „das perfekte Lokal?"
„Es gibt das für den jeweiligen Augenblick ideale", sagt Sodoma. „Zum Beispiel am Meer das kleine Fischlokal direkt an der Küste."
„Das perfekte also nicht?"
„Das, was die Gourmetkritik als perfekt erachtet, das ist es für mich nicht", sagt Walter. „Ich brauche nicht den livrierten Kellner, der im Hintergrund steht, den man aber spürt. Der geht mir auf die Nerven. Der Gast muss locker sein können, um auf Genuss zugehen zu können."
„Und heute", sagt Eveline, „war der *Sodoma* das ideale".

Wir trinken noch einen Espresso und dann gehen wir.
Und als Rudi und ich uns am Parkplatz von den Eselböcks verabschieden, habe ich noch eine Frage. „Hättet ihr nicht manchmal auch sehr gern ein Wirtshaus wie dieses?"
„Wir gehen lieber in solche", sagt Eveline.
„Und ich", sagt Walter, „träume darüber hinaus immer wieder von einer Wiese mit unendlich vielen Schafen und in der Mitte steht ein Haus, in dem es alles gibt, was das Schaf hergibt. Fleisch, Käse, Milch. Das wär's."
Allerdings, das wär's. Und im Idealfall mit Gerti Sodoma und Walter Eselböck gemeinsam in der Küche.

Von einer eingekochten Chefin und einem traurigen Schicksal, das ein Glücksfall war

Mit **Werner Schneyder,** Autor, Kabarettist und mein Vater, beim **„Stadtwirt“**

Nach der Vorspeise bräuchten ihn die Kellnerinnen und Kellner im *Stadtwirt* inzwischen eigentlich gar nicht mehr zu fragen, es läuft ja doch immer wieder auf eine Portion Cremespinat mit hinreichend Knoblauch hinaus.
So auch im Zug unseres allerersten beruflichen Zusammentreffens seit meiner Geburt im Juni 1966. Sohn interviewt Vater, eigenartig irgendwie. Aber ich wollte ihn dabei haben in diesem Buch, nicht zuletzt aus Gründen der nicht nur kulinarischen Verbundenheit. Denn ihm und meiner verstorbenen Mutter habe ich es zu verdanken, dass ich gern gut esse und gern gut trinke. Und dass ich gute Qualität nicht nur zu schätzen weiß, sondern sie auch als solche zu erkennen glaube. Diesbezüglich ging rein gar nichts schief in meiner Erziehung.
Ich könnte an dieser Stelle, was ich auch durchaus gern täte, viele Geschichten aus der Vergangenheit erzählen, die von den – das versteht jetzt nur mein Vater –

„perpunzierten Trubritschln mit Malmolino“ etwa, aber um mich geht's hier nicht.

Um meinen Vater geht's und um den *Stadtwirt* im dritten Bezirk. Und während mein Vater so dasitzt und verzückt wie immer seinen Cremespinat löffelt, spricht er über die wesentlichen Eckpunkte, die ein Stammwirtshaus zu erfüllen hat.
„Nah“, sagt er, „muss sie sein, sprich zu Fuß erreichbar. Das ist ganz wesentlich.“
Ich grinse, weil ich mir denken kann, wie er's meint. Rudi hingegen schaut angesichts dieses scheinbaren grammatikalischen Fehlers verständnislos, was mein Vater sogleich registriert.
„Sie, die Wohnung meine ich“, erklärt er meinem Freund und Fotografen, „die muss nah und zu Fuß zu erreichen sein. Damit man den Nachhauseweg gegebenenfalls möglichst rasch absolvieren kann und kein allzu großes Aufsehen erregt.“
Jetzt grinst auch Rudi.
„Dann muss im Stammwirtshaus von der Tendenz her so gekocht werden, wie es der eigenen Richtung entspricht und entgegenkommt. Hier ist das der Fall, hier wird viel geschmort, und Geschmortes liebe ich. Und man muss sich

Schneyder und Schneyder, zwei, die sich nicht immer einig sind, kulinarisch aber meist blind verstehen

Der Stadtwirt und der erste Stock. Diesen „Livingroom“ kann man mieten und dort in aller Ruhe laute Feste feiern …

auf die Küche stets aufs Neue verlassen können. Im Wirtshaus und im Beisl geht es nicht um die unentwegten Ohhhhhs und Ahhhhhs bei jedem der vielen Gänge, um die es im hoch dekorierten Nobelrestaurant geht. Im Wirtshaus geht's um nicht mehr und nicht weniger als um das schlichte ‚Mir schmeckt's'."
Und hier nerven sie ihn auch nicht mit einem „Gruß aus der Küche", einem so genannten „Amuse Gueule", einem „Goscherl-Schmeichler", wenn man's frei ins Wienerische übersetzt.
„Diese Übersetzung ist ja noch halbwegs sinnvoll", sagt mein Vater, „aber ein ‚Gruß aus der Küche' ist ein blankes Ärgernis. Ich will mich aus der Küche nicht grüßen lassen. Wenn mich einer grüßen will, dann soll er gefälligst herkommen und mir die Hand schütteln."

Das tut in genau diesem Moment Martin Lang, der Chef des Hauses, der sich eine kurze Verschnaufpause gönnt.
„Schmeckt's euch?", fragt er, und dann werden Hände geschüttelt.
Und wie's uns schmeckt. Dem Rudi wie so oft eine geröstete Leber, meinem Vater der gebackene Karpfen mit dem Erdäpfel-Mayonnaisesalat, mir die Rindsroulade mit den tatsächlich selbst gemachten Bandnudeln.
Mit seiner Frau Elfi, die er vor vielen Jahren in seinem damaligen Lokal *Wickerl* im neunten Bezirk anfangs erfolglos angebraten, schließlich aber doch noch eingekocht hatte, eröffnete Lang den *Stadtwirt* im November 2000. Er, der Burgenländer und Weinexperte, der sich damals nicht nur vom *Wickerl,* sondern auch von seinen zwei Lokalen in Eisenstadt trennte, schupft die Küche, sie als „Frontfrau" den Laden. Obwohl die Wirtshaustochter aus der 500-Einwohner-Gemeinde Bruckbach nahe Waidhofen an der Ybbs „alles werden wollte, nur nie und nimmer Wirtin".
Alles wurde sie nicht, aber vieles. Bankangestellte etwa oder Spanisch- und Französisch-Studentin mit einem Diplom von der Sorbonne und später Produktionsleiterin bei einer Filmfirma, ehe sie 1994 überhaupt gleich die Leitung der damals größten österreichischen Filmstudios übernahm. Aber dann kam ihr doch die Liebe dazwischen „und die

Martin Lang, der Chef (ganz rechts): „Zum Wirtshaus gehört auch die Extrawurstsemmel".

Aussicht, sich täglich bekochen zu lassen. Und die war schon sehr verlockend." Den privaten und damit einhergegangenen beruflichen Sinneswandel bereut sie heute keine Sekunde. Was man auch spürt, wenn man beobachtet, mit welcher Freude sie sich um die Gäste kümmert und durch den Laden wuselt. Zum Lokal gehören übrigens im Erdgeschoß eine an den Gastraum angeschlossene kleine Weinbar, in der man rauchen darf, und im ersten Stock der „Livingroom" mit offenem Kamin, wo bis zu 70 Leute in Club-Atmosphäre Feste feiern, Seminare abhalten oder Präsentationen welcher Art auch immer veranstalten können.

Als Martin Lang wieder in der Küche verschwindet und seine Frau neue (Stamm-)Gäste begrüßt, kommen mein Vater und ich auf die in Zusammenhang mit Kulinarischem unvermeidliche Anna Berzkowitsch, geborene Zirkler, zu sprechen. Ich habe meine Urgroßmutter nicht mehr kennen gelernt, für meinen Vater ist sie der Inbegriff des guten Essens.

„Sie war nicht sehr schön", erzählt mein Vater, „aber um einem Mann zu gefallen und geheiratet zu werden, hat sie vor dem Ersten Weltkrieg in Karlsbad im heutigen Tschechien in der Küche eines vornehmen Hotels kochen gelernt. Meine erste halbwegs bewusste Erinnerung an sie ist allerdings eine im Nachhinein betrachtet sehr traurige, denn früh verwitwet und ohne Beruf wurde sie regelrecht abhängig von meiner Mutter und meinem Vater und schließlich deren Köchin bei uns zu Hause in Klagenfurt."
Vor ihrem Schwiegersohn, sprich vor meinem geliebten, vor vielen Jahren gestorbenen Opa, soll sie Tag für Tag regelrecht gezittert haben, so großen Wert hat der auf gutes Essen gelegt.
„Wobei ich", so mein Vater weiter, „nie herausbekommen habe, was diesen erstaunlich hohen Ansprüchen zugrunde lag. Schließlich stammte er aus sehr bescheidenen Wiener Bassena-Verhältnissen. Und bis er das jeweilige Essen nicht ausdrücklich gelobt hatte, schwitzte die Großmutter Blut."

Die Chefin kommt an unserem Tisch vorbei und schenkt nach. „Sonst noch Wünsche?"
„Ein bisserl Käs wär fein."
„Hart oder weich?"
„Sowohl als auch."

Für meinen Vater jedenfalls war das zweifelhafte Schicksal seiner Großmutter ein Glücksfall. Durch sie wurde er schon in jungen Jahren zum Feinschmecker erzogen. Und das Kochbuch ihres erklärten Gottes Franz Ruhm mit den vielen hinein gekritzelten Randnotizen sieht er noch heute vor sich, wie es in der Küche auf dem Regal steht.
„Selbst nach dem Krieg, als wenig Geld im Haus war, legte sie beim Einkauf am Markt auf dem Benediktinerplatz im Rahmen unserer Möglichkeiten größtmöglichen Wert auf beste Qualität. Sie hat in jedes Krautfass hineingegriffen und gekostet, bis sie das passende gefunden hat. Auch Erdäpfel waren nicht gleich Erdäpfel. Jeden Tag wurde zwischen neun und zehn Uhr in der Früh der Küchenherd angefeuert, und zu Mittag herrschte dann Restaurantbetrieb für die Familie."

Die Liebe war's, die sie Chefin werden ließ – Elfi Lang hat eine bunte Vergangenheit.

Jahre später hat mein Vater viel gelacht. Denn die Frau, die seine wurde und später meine Mutter, war zwar ambitioniert, aber wirkliche Ahnung von Kochen hatte sie keine. „Und diese Diskrepanz zwischen Ambition und Endergebnis hatte enormen Unterhaltungswert."
Als sie sich bald nach der Hochzeit erstmals an Reis versucht und mein Vater, der Experte, das ihm Vorgesetzte für ungenießbar befunden hatte, reagierte sie spontan mit einem trotzigen „aber meine Mutter und ich wollen ihn so!".
Letzten Endes landeten die steinharten Körner im Klo, runtergespült mit Tränen in den Augen. Mit Tränen vor Lachen.
Meine Mutter hat das Kochen schließlich strategisch erlernt. Schritt für Schritt und begleitet von großem Ehrgeiz und Vaters „Anfeuerungsrufen".
Als die Sicherheit eines Tages endgültig da war, begann auch das erfolgreiche Nachkochen noch so schwieriger, zuvor in Restaurants genossener Speisen, sowie das lustvolle Improvisieren.
Und schließlich erwarb sie sich im Freundes- und Bekanntenkreis den Ruf, am Herd die Beste zu sein. Die Kochbuch-Bibliothek wuchs und wuchs, und nicht selten saßen sich meine Eltern in unserer ehemaligen Wohnung in Salzburg in der riesengroßen Küche oder im Garten unter dem roten Ahorn gegenüber, jeder vertieft in die Lektüre, um gemeinsam Menüs zu erarbeiten und zu besprechen, die meine Mutter später für die zahlreichen Gäste zauberte, die viele lange Nächte bei uns verbrachten.

Mein Vater selbst hatte zeit seines Lebens nie das Bestreben, in einer Küche aktiv zu werden. Gut, Eierspeis geht zur Not, möglicherweise sogar mit Schnittlauch. Oder Spaghetti, sofern ihm einer ein Sugo vorgekocht hat. Aber das war's dann schon.
In Wahrheit kann er nur essen. Das aber verdammt gut. Und dass er diese Gabe vererbt hat, dafür bin ich ihm dankbar.

Wenn sich die Libido auf den Magen schlägt

Mit dem Kabarettisten und Autor **Joesi Prokopetz** in **„Gelbmanns Gaststube"**

Während Joesi Prokopetz – auch auf privater Bühne ein wunderbarer Entertainer – das vor jedem Essen stets gleiche Ritual vollführt und die Serviette an einer eigens dafür vorgesehenen Kette aus ganz offensichtlich unechtem Silber befestigt (mit anderen Worten kein wirklich schmuckes Teil), sinniert er: „Um ein wirklicher Connaisseur sein zu können, ein Genießer und Feinschmecker auf halbwegs hohem Niveau, bedarf es einer gewissen menschlichen Reife, einer inneren Ruhe und eines seelischen Gleichgewichts. Und die Libido sollte auch schon ein bisserl nachgelassen haben."
„Wie meinen?", frage ich und spiele nicht nur den Verwunderten.
„Und die Libido", und er dehnt den Satz und spricht laut, so als spräche er mit einem Schwerhörigen, „sollte auch schon ein bisserl nachgelassen haben".
„Ich hab ihn schon verstanden, den Satz, Herr Professor Josef, nur was willst du mir damit sagen?"
„Schau", sagt Prokopetz, seit 2009 übrigens tatsächlich Professor, und verfällt binnen weniger Atemzüge in eine gänzlich andere Diktion. Eben noch Sprach-Ästhet, jetzt Verbal-Prolet, ein Spagat,

den er famos beherrscht – sehr zum Gaudium der anwesenden Personen. „Schau“, sagt er also, „früher bist, wenn du nicht fix mit einer verbandelt warst, mit einer – um es volksnah auszudrücken – Oidn in eine Hüttn einegangen, damit nachher daheim, egal ob bei ihr oder bei dir daheim, bei der Oidn was einegeht. Das Essen war wurscht, gezählt hat der Knaller.“

Rudi grinst mit sich um die Wette und dann folgt wieder der Spagat. „Man könnte auch sagen, man ging mit einer Dame in ein Lokal, um zu speisen, selbstredend aber im Hinblick auf eine hoffentlich erotische Zukünftigkeit. Daher ging es im Grunde schon während des Dinierens immer nur um das eine, sprich um das andere. Wenn aber eines Tages die Libido nachgelassen hat, dann kann man plötzlich auch das Essen in aller Seelenruhe genießen. Früher hatte ich Sex und habe vorher geschlungen, heute gebe ich mich dem Essen nahezu selbstvergessen hin und erdulde später den Sex, wenn er denn zwingend sein muss.“

„Verstehe“, sage ich.

„Es ist ja überhaupt so, dass es einen viel höheren Aufwand bedeutet, zu

einem sexuellen Vergnügen zu gelangen als zu einem kulinarischen. Mit dem Koch muss man nicht flirten und dem Kellner muss man nichts kaufen. Und trotzdem tun sie einem freiwillig Gutes. Bei mir ist es so, dass ich seit Jahren sehr glücklich bin mit meiner Karin. Und ich habe festgestellt, dass man, wenn der Sex weniger wird und man dafür mehr isst, auch weniger streitet. Ab und zu frage ich mich daher schon, warum der Schöpfer, so es denn einen gibt, so etwas wie den Sex überhaupt erfunden hat."
Rudi, rund zwei Jahre älter als Joesi, gluckst vor sich hin. Und dann wird die Suppe serviert.

An diesem verregneten Mittwoch Anfang Dezember sitzen wir in *Gelbmanns Gaststube* in Prokopetzens einstiger Heimat Ottakring. Übrigens in Wiens Hochburg des Hedonismus, denn als in den 1890ern die beim Volk umstrittene Zusammenlegung Ottakrings mit dem benachbarten Neulerchenfeld durch Kaiser Franz Joseph vollzogen wurde, zählte der Bezirk rund 400 Gaststätten.

Nur wenige Betriebe sind übrig geblieben aus dieser Zeit, schade, doch *Gelbmanns Gaststube* ist einer davon. Und hier essen wir nun rund 110 Jahre später sehr gut und wahrlich auch nicht wenig. Zwiebelrostbraten, geröstete Leber, was man eben so isst in der Vorstadt, wenngleich die Karte auch Fein-

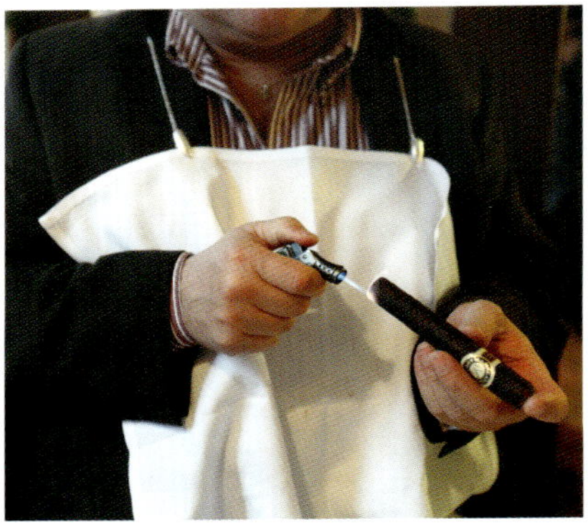

heiten bietet wie beispielsweise Barbarieentenbrust oder Riesengarnelen, zubereitet von einer treuen Seele namens Bernd Knauder, der seit rund 15 Jahren ebenso zum Lokal gehört wie die beiden Kellner, Herr Günther und Herr Edi. Erstmals erwähnt wurde dieses Wirtshaus 1873. 1988 haben es schließlich Rena und Hans Laskowsky von der Brauerei Ottakring gepachtet und seit 2008 schupft Sohn Alexander den Laden, während sein Bruder Sebastian im *Gmoa Keller* den nicht minder erfolgreichen Wirt gibt. Der Name *Gelbmann* geht indes auf jene Familie zurück, die das Lokal 1954 erstanden und bis zwei Jahre vor dem Verkauf an die Brauerei im Jahr 1987 auch betrieben hatte.
Alexander Laskowsky, Jahrgang 1974, sitzt bei uns am Tisch und schenkt Rudi und mir Weißwein nach, während Joesi noch am Himbeerwasser nuckelt. „Ich komme ja eigentlich aus der Werbebranche. Aber ich bin im elterlichen Wirtshaus aufgewachsen und habe als Kind schon mitgeholfen, insofern fiel mir der Umstieg nicht schwer." Und dass Laskowsky nicht nur Weinliebhaber ist, sondern auch ein Fachmann, ist sicherlich auch nicht von Nachteil in dieser Branche. Die Weinkarte jedenfalls spielt allerlei Stückeln.
„Wir veranstalten auch regelmäßig Verkostungen, allerdings in recht kleinem Kreis. Und einmal im Jahr", erzählt er, „gibt es eine, die nennen wir *Herzblut-*

Joesi Prokopetz und das Essen und der Sex. Und die Zigarre danach ...

 Mit Joesi Prokopetz in „Gelbmanns Gaststube"

Und kurz vor dem Gehen noch ein Schluck Rot mit Alexander Laskowsky, dem Wirten, im Stehen

Verkostung. Da sind ein paar Freunde und Gäste dabei, höchstens zehn, und jeder muss einen Rotwein mitbringen, bei dem er Herzblut vergießt, wenn er ihn aus dem Keller holt und opfert. Es handelt sich selbstverständlich um eine Blindverkostung, und der Reiz an der Sache ist der, dass die ‚Besitzer' der beiden letztplatzierten Weine das gesamte Essen zahlen."
„Ui", sagt Prokopetz und trinkt den letzten Schluck von seinem Himbeerwasser, „da könnt ich sicherlich was beisteuern. Allerdings würde ich kein Herzblut vergießen, weil ich mich nicht so recht auskenne mit Wein. Mir schmeckt er oder mir schmeckt er nicht. Aber mein Keller ist voll mit guten Sachen, weil mir die Leut immer wieder feine Weine schenken. Müsst halt ein Fachmann kommen und einen für mich aussuchen."

Und plötzlich sind wir dann wieder bei einem ganz anderen Thema, denn der Wein war nicht so sehr seines. „Man liebt", sagt Joesi vollkommen ansatzlos, „mit zunehmendem Alter auch mehr die Molligeren, mit denen man essen geht und spricht und scherzt".
„Aber deine Karin", werfe ich ein, „ist wunderschön und gertenschlank."
„Die lieb ich natürlich auch, aber sie isst mir nix, die Karin. Ich muss dann immer alles z'sammessen von ihr und was bekomm ich dafür zu hören? Dass ich dick werde. Aber es stimmt schon

ein bisserl. Und auf mich trifft auch der Satz des wunderbaren Schriftstellers, Schauspielers und Kabarettisten Hans Dieter Hüsch zu, der einst sagte: ‚Mein Bauch nimmt den Mund zu voll.' Großartig! Aber man muss wirklich aufpassen, also ich muss wirklich aufpassen, dass mich nicht die Unappetitlichkeit der Adipositas, also der Fettleibigkeit heimsucht. Und so zwinge ich mich auch immer am Abend, nicht noch zehn Deka Beinschinken zu naschen mit einem Semmerl. Immer zwinge ich mich, aber ab und zu zwinge ich mich auch ein bisserl erfolglos."
Und dann bestellt Joesi ein Glas Rotwein. „Zu viel Himbeerwasser muss auch nicht sein".
„Und sie bleiben beim Weißen?", fragt der Herr Edi.
Rudi ja, ich nicht, mir steht der Sinn nach einem Espresso.

„Ich hab jetzt irgendwie die ganze Zeit geredet und geredet und dabei ganz vergessen, was du eigentlich alles für dein Buch wissen wolltest."
„Das passt schon", sage ich. „Sofern ich schreiben darf, was du so alles erzählt hast."
„Darfst du. Und dann könnte ich dir noch erzählen, dass meine Mutter Jüdin war und eine tolle Köchin und es zu Weihnachten immer Poularden gegeben hat, also Hendln, aber so richtig große und schwere, und mein Vater ist immer dagesessen mit dem Haxerl in der Hand und hat Jahr für Jahr den gleichen Satz gesagt: ‚Kinder, es soll uns nie schlechter gehen.' Und immer wieder hat es auch Fohlenlungenbraten gebacken gegeben. Herrlich, aber viele fanden das abstoßend und haben selbst nur panierte Schweinsschnitzeln gegessen. Ich hab mich da immer schon gefragt warum. Das Schwein ist doch das viel g'scheitere Tier, das lässt wenigstens keinen auf sich reiten."
Schließlich streift er auch noch ein Thema, das vor Jahren sogar Bestandteil eines seiner Programme war, so sehr liegt es ihm am Herzen. „Kosten", echauffiert er sich, „ist fürchterlich. Bei mir darf das jedenfalls keiner. Dieses ‚Derf i kosten?' ist überhaupt eine Frage, die die Menschheit spaltet. Ich fuhrwerke ja auch auf keinen fremden Tellern herum, denn wenn …"
„Joesi", unterbreche ich mein Gegenüber, „ich drehe jetzt das Diktiergerät ab, sonst ufert dieses Kapitel rettungslos aus."
„Reicht dir das wirklich alles?"
„Ja, das reicht."

Und dann bleiben wir noch eine gute Stunde sitzen. Und haben eine Riesenhetz, doch das erspare ich Ihnen. Aber vielleicht gehen Sie ja irgendwann selbst in *Gelbmanns Gaststube* und haben das Glück, dass der Prokopetz zufällig am Nebentisch sitzt. Dann werden Sie nicht nur mit der exzellenten Küche großen Spaß haben. Machen Sie nur ja nicht den Fehler, ihn von irgendetwas kosten lassen zu wollen. Oder aber fragen Sie ihn. Vorsätzlich quasi!

Nutella mit Zitrone beim Wirt mit dem Weinblatt

Mit Schauspielerin **Kristina Sprenger** im „Liebstöckl & Co", dem Weinwirt des Jahres 2010

Einfach ist es nicht, mit Kristina Sprenger in einem Lokal ein halbwegs ernsthaftes Gespräch zu führen, wenn gleichzeitig auch der Geschäftsführer am (Stamm-)Tisch sitzt. Speziell dann nicht, wenn dieser Geschäftsführer Christoph Fälbl heißt.
Ja, dieser Christoph Fälbl, der Schauspieler, Kabarettist und Komödiant.
Der ist nämlich nicht nur Schauspieler, Kabarettist und Komödiant, Letzteres, wenn's sein muss, 24 Stunden am Tag, sondern überdies gelernter Koch und stolzer Besitzer einer Konzession fürs Gastgewerbe. Und diese Konzession stellt er seit dem Frühjahr 2009 seinem Freund Robert Ludwig zur Verfügung, den er seinerzeit durch mich kennen gelernt hat, denn beide sind gute Freunde von mir.
Nicht, dass Sie jetzt glauben, Ludwig hätte man die Konzession aufgrund korkender Weine, abgestandenen Bieres, flaxigen Gulaschs oder verkohlter Saiblinge entzogen. Nein, er hat sie auf sehr tragische Weise verloren, denn Richard, der ehemalige Konzessionsinhaber und gemeinsam mit Thomas einer der beiden Kellner der allerersten Stunde, ist während eines Urlaubs einem Herzinfarkt erlegen.

Robert Ludwig, Jahrgang 1967, ist Wirt des *Liebstöckl & Co* in der Sandgasse 12 im Herzen von Grinzing, das vom Wirtshausführer *Wo isst Österreich?* im vergangenen Herbst zum *Weinwirt des Jahres 2010* gekürt worden ist. Und dass der Keller dieses Lokals tatsächlich erstklassig bestückt ist, war mir schon im Jänner 2002 bekannt. Da gab's das Lokal zwar noch nicht – eröffnet wurde Anfang Februar –, doch ich schaute damals nicht selten mit einem Backhendl vom nahe gelegenen Heurigen *Feuerwehr Wagner* oder ein paar Leberkäs- oder Wurstsemmeln zur Stärkung vorbei, als Robert mit seiner Frau Eva und zahlreichen helfenden Händen gerade mit Ausräumen, Aufräumen, Einräumen und Ausmalen beschäftigt waren. Oder eben mit dem Einschlichten von feinen Flaschen, was schon damals Chefsache war.

Kristina Sprenger studiert die Karte. Und plötzlich lacht sie laut auf, die *Soko Kitzbühel*-Kommissarin, und in breitestem Tirolerisch prustet sie „Wo's isch'n des? Fälbls Nutella-Palatschinken?" „Fälbs Nutella-Palatschinken", belehrt sie der Namensgeber und verleiht

Freunderl-(Gast-)Wirtschaft: Christoph Fälbl, Kristina Sprenger und Eva und Robert Ludwig, Patronin und Patron

Semmel-
terrine
Gösser
Geröstete
Gansleber
mit Erdäpfeln
Gansleber im
Schmalz
Entenaspik
Gösser
Liebstöckl + Co
Weinwirt
des Jahres
2010
Gösser
EDELBEISL
LIEBSTÖCKL + CO

seiner Stimme eine Dramatik, als setze er sogleich zu einer Grundsatzrede an, „sind Nutella-Palatschinken mit ein paar Spritzern Zitrone".
„Aha."
„Sind seeehr gut", sagt Fälbl.
„Aha."
„Wirst kosten nachher."
„Ah so?"
Und dann bestellt sie gebratene Ente mit Rotkraut und Erdäpfelknödel. Und erzählt ein bisserl. Oder versucht es zumindest, denn, wie gesagt, Fälbl sitzt am Tisch. Und inzwischen auch der Wirt, und der zählt auch nicht unbedingt zur ganz leisen Sorte. Sprenger erzählt von der Mama, einer Polin, und von der guten polnischen Küche.
„Treffen sich zwei Polen in ..."
„Ruhe, Fälbl!"
Sie erzählt vom Mittagstisch zu Hause in Innsbruck, an dem man pünktlich um Schlag eins zu sitzen hatte und auch heute noch pünktlich um Schlag eins zu sitzen hat, wenn die Familie sich wieder einmal trifft. Andernfalls muss die Mama die Böse mimen. Erzählt davon, dass die Mama stets nur frische Ware kaufte und kauft und Klein-Kristinas Gaumen auf diese Weise schon früh zu einem sehr sensiblen schulte. Erzählt von der Wiener Küche, an die sie sich erst hat gewöhnen müssen, vor allem an Dinge wie Zucker im Erdäpfelsalat oder gebackene Fleischlaberl, erzählt von ihrem kulinarischen Wiener

Der Wirt dezent im Hintergrund – Robert Ludwig kann allerdings auch ganz anders ...

„Wegweiser“ in Person des Kollegen und begnadeten Essers und Trinkers Heinz Marecek und von der Zeit an der Schauspielschule, als sie sich aus finanziellen Gründen hauptsächlich von Pasta mit Thunfisch aus der Dose ernährte. „Das hat die Mama gar nicht so gern g'hört.“

Das *Liebstöckl* hat sie allerdings nicht dem Heinzi Marecek, sondern dem Regisseur Mike Zens zu verdanken. „Der hat mich vor einigen Jahren hierher zu einem Mittagessen verschleppt, das dann bis irgendwann gegen Mitternacht gedauert und bei dem sich zwischendurch auch der Robert immer wieder mit einem guten Glas Wein aufs Haus zu uns gesellt hat. Und seit diesem Zehn- oder Zwölfstunden-Marathon zieht es mich immer wieder hier her. Vor allem wenn es draußen warm ist, denn der Gastgarten ist sicher einer der schönsten in Wien.“

Seit ein paar Sommern gibt's in diesem Garten mit dem knirschenden Kiesboden, den Kräuterbeeten, den Paradeiser- und Pfefferonistauden, dem Nussbaum in der Mitte und den Kastanienbäumen

rundherum, auch einen riesengroßen Grill in der überdachten und nach den Seiten hin offenen Bar, auf dem stets an Freitagen und Wochenenden die Steaks, die Lammkoteletts, die Bratwürstel und die Ripperl verführerisch duften. Und isst man als Vorspeise ein gefülltes Weinblatt, dann isst man ein Weinblatt, das der Wirt höchstpersönlich in seinem Gastgarten gezupft und das folglich rein gar nichts mit Griechenland zu tun hat. Nur die Idee stammt aus dem Süden.

Robert Ludwig wurde in Wahrheit zufällig Wirt. Und zufällig Koch. Ich habe ihn 1986 kennen gelernt, als wir beide – und beide waren wir damals noch erstaunlich schlank – auf dem Küniglberg in der Unterhaltungsabteilung des ORF unser Geld verdienten. Täglich saßen wir in der Kantine, was mir meist ein kulinarischer Gräuel, Robert aber herzlich egal war. Der verschlang quasi täglich sein Schnitzel, zumal Essen für ihn damals keinen anderen Stellenwert als jenen der bloßen Nahrungsaufnahme hatte. Irgendwann aber ließ er sich dann doch überreden, immer öfter aufs Mittagessen in der Kantine zu verzichten und mich am Abend in ein gutes Wirtshaus oder in ein Restaurant zu begleiten.
Eines Tages war's schließlich um ihn geschehen. Und da er selten halbe Sachen macht in seinem Leben, „erzog" er sich nicht nur hingebungsvoll und wie ein Besessener zum Gourmet und Weinfreund, sondern brachte sich quasi en passant auch gleich das Kochen bei. „Bei 750 habe ich aufgehört zu zählen", sagt er und meint damit die Anzahl an Kochbüchern, die seine Wohnung und sein Wirtshaus „bevölkern".
Gut ein Jahr nach unseren ersten Expeditionen ins Reich der Genüsse verließ Robert den ORF, verzichtete auf eine Karriere als Produktionsleiter und jobbte fortan lieber da und dort im Gastgewerbe. Zwischendurch kochte er während der Dreharbeiten für eine Fernsehserie für das Team rund um

Hier wird nicht nur der Mensch verwöhnt – das Hundebuffet im Liebstöckl ist einmalig.

Hauptdarsteller Heinz Marecek ein Jahr lang in einem eigens dafür umgebauten Lkw in den Tiroler Bergen und träumte währenddessen vom eigenen Wirtshaus. Vom Beisl. Vom „Edelbeisl“, wie das *Liebstöckl & Co.* offiziell heißt.
In der Sandgasse 12 schließlich fand er einen Heurigen, schon Jahre lang leer stehend und zu haben. Ein paar Tage mehr oder weniger zäher Verhandlungen mit dem Besitzer und zwei Monate Umbau später fand am 5. Februar 2002 schließlich die Eröffnung statt. Und das Gulasch heißt seit dem ersten Tag *Gollasch*, ein alter Wiener Ausdruck, der unterstreichen soll, wie hier gekocht wird. Ursprünglich nämlich, wobei sich zwischendurch auch immer wieder Feinheiten in die Karte schleichen wie beispielsweise ein Osso Buco vom Lamm oder Fisch in der Salzkruste.
Dem Film-Catering ist Robert übrigens bis heute treu geblieben. *Hollyfood* nennt er sein Nebenerwerbs-Standbein – kein unorigineller Name.

„Ein Aus- und Quereinsteiger bist du also, das wusste ich gar nicht“, sagt Sprenger und lobt die butterweiche Ente und das Rotkraut, obwohl sie sich wie beim Erdäpfelsalat auch in Sachen Rotkraut erst an das leicht Süßliche gewöhnen musste.
„Aber durch die vereinzelten Filmcaterings verliere ich den Kontakt zur früheren Branche nicht, und diese Form der Abwechslung tut ab und zu sehr gut.“
Und dann verschiebt Robert das Gesteck in der Mitte des Tisches um gut zehn Zentimeter nach rechts, weil er ein unglaublicher Pedant ist. Sessel hin- und her- und geraderücken, an Tischdecken zupfen, im Garten die Töpfe mit den Pflanzen justieren, was solche Dinge betrifft, ist er geradezu manisch.
„Du, Sprengerin“, mischt sich nun wieder der Fälbl ein.
„Ja?“
„Hast dir schon Mut angetrunken?“
„Was soll i tun?“
„Nutella-Palatschinken essen.“
„Aber nur, wennst sie persönlich zubereitest.“
„Persönlich servieren tu ich sie.“
„Gilt.“
Irgendwann vorher, als wir versucht haben, das ernsthafte Gespräch zu führen, hat sie mir verraten, dass sie süße Sachen eigentlich gar nicht mag. „Drum koch ich auch nur und backe nicht“, hat sie gesagt. Aber da muss sie jetzt durch.
„Magst kosten?“, fragt sie.
„Nein danke“, sage ich, „ich kenn sie“.
„Und?“, fragt Fälbl.
Sprenger lächelt. „Ich hab dich trotzdem lieb!“

Ludwig und Schneyder, Uraltfreunde

Wenn zwei Dramatiker den Akt des Essens inszenieren

Mit dem Liebes- und Dichterpaar **Silke Hassler** und **Peter Turrini** im **„Gasthaus an der Kreuzung“**

„Mach uns unsere Frauen nicht deppert!“, echauffierte sich der Nachbar in Kleinriedenthal nahe Retz, als Peter Turrini eines Tages via Äther Dinge postuliert hatte, die dem Nachbarn und des Nachbarn Nachbarn und des Nachbarn Nachbarn Nachbarn gar nicht schmeckten. Frauen, hatte Turrini in seiner bisweilen recht hemdsärmeligen Art im Radio erklärt, wären für die Erotik da und für die angeregte Diskussion, nicht aber fürs Waschen der Unterhosen des Zugedachten, nicht fürs Bügeln seiner Hemden und auch nicht fürs Staubsaugen seiner Gemächer.
Kochen hingegen würden sie schon dürfen, die Frauen, das ja, wenngleich ihm, Turrini, seine Teilzeit-Lebensgefährtin Silke Hassler früher nicht über die Schwelle der Küche zu kommen hatte, wenn er gerade am Herd zugange war und liebevoll das Rindfleisch schmorte oder die Pasta à la Papá einen Hauch Italien ins tiefste Niederösterreich wehte. „Die Silke bei mir in der Küche, das hat mich“, sagt der über den Umweg Wien ins Weinviertel emigrierte Kärntner, „nervös gemacht. Außerdem hatte ich in unseren Anfängen noch die Angst, Kochen könnte bei Frauen einen Erotik- und Intelligenzverlust zur Folge haben“. Die Angst erwies sich – in diesem Fall zumindest – als unbegründet, Silke Hassler ist immer noch intelligent. Und was den befürchteten Erotikverlust oder – wenn man die beiden so sieht und hört – vermutlichen Nicht-Verlust betrifft, so bin ich die falsche Auskunftsperson. Jedenfalls kocht sie inzwischen nicht nur *für* ihn, mitunter tut sie es, die ebenfalls aus Kärnten stammt und Kärnten dito längst hinter der Pack gelassen hat, auch *mit* ihm.
„Am Herd“, sagt sie, „sind wir heute ein tadellos funktionierendes Team. Und nicht nur am Herd.“ Turrini nickt.

Sie werden sich vielleicht über die Formulierung „Teilzeit-Lebensgefährtin“ gewundert haben. Nun, die Sache verhält sich so: Turrini lebt und denkt und dichtet und schreibt in Kleinriedenthal in einem Haus, „gekauft bei sieben Flaschen Wein und gleich zusammen mit ein paar Weingärten und -kellern,

Gut und groß die Portionen, aber nicht nur diese Größe schätzen Hassler und Turrini am Gasthaus der Hausgnosts …

was ich am nächsten Tag dann alles nicht mehr wusste", Hassler lebt und denkt und dichtet und schreibt in einem Renaissancehaus in Retz. Dieses hat Turrini gemeinsam mit Freunden 1981 erstanden. Hassler ist schließlich im Jahr 2000 in diese 1653 erbauten Gemäuer eingezogen, und seither trennen die beiden rund sechs Kilometer.
Nein, falsch, rund sechs Kilometer Distanz schweißen die beiden zusammen, denn: „Zu viel zwei Zahnbürsten würden mich fertig machen. Wir versuchen, den Ritualen zu entfliehen, denn für ein höheres Maß an Alltäglichkeit sind wir beide nicht geschaffen." Und diesmal nickt Hassler.

Wir sitzen bei einem Wirt in Guntersdorf, einer Gemeinde rund 15 Kilometer südöstlich von Retz. Kulinarisches Ödland, möchte man meinen, wären da nicht die Hausgnosts. Sie und er, Chefin und Chef, Martina und Manfred. Er steht in der Küche, sie hinter der Schank und dem dürstenden Gast mit Rat und Tat zur Seite, wenn es gilt, den richtigen Wein aus dem so reichhaltigen wie erfreulichen Sortiment zu wählen. *Gasthaus an der Kreuzung* heißt das Lokal, das von außen recht unscheinbar an einer solchen liegt. Gut, auch drinnen ist es kein absoluter Augenschmaus, aber schmaust man erst, dann isst man sich das Lokal schon mit der Suppe schön. Denn kochen kann er, der Manfred, gar keine Frage. Und neben der traditionellen Weinviertler Kost haben sich auch seine Ausflüge ins Mediterrane längst bis nach Tulln oder Wien herumgesprochen, soll heißen, das Einzugsgebiet beschränkt sich nicht bloß auf ums Eck oder zwei Ortschaften weiter. Reservieren ist demnach ratsam, in zweifacher Hinsicht.
„Solche Wirtshäuser mag ein Proletenbub wie ich", sagt Turrini. „Sie fordern mir kein feines Verhalten ab. Luxus ist nichts für mich, was ich brauch, sind ein Holztisch, eine Holzbank, mehr oder weniger hässliche Vorhänge und eine ehrliche Küche."
Hassler wiederum hat mit Luxus (auch) aus anderen Gründen nichts am Hut. „Weil mir schlecht wird, wenn ich pochierte Gänseleber mit Seegras und derlei Dinge essen muss. Ich vertrag sie einfach nicht. Je mehr Sterne ein Lokal hat, desto schlimmer wird's. Ich möchte", sagt sie ganz ungeniert, „gar nicht wissen, wie viele Euros ich schon g'spieben hab in meinem Leben."

Und während Silke und Peter und Rudi und ich so sitzen und essen und trinken und niemandem schlecht wird bei Schnitzel und Kaninchen und Blunzngröstl und geschnetzeltem Filet, ganz im Gegenteil, kommen Hassler und Turrini wieder aufs gemeinsame Kochen und – mehr noch – auf das gegenseitige *Be*kochen zurück.
„Essen", sinniert Turrini, „hat bei uns im weitesten Sinn mit Liebe zu tun. Denn wenn uns die Liebe mit vorheriger telefonischer Vereinbarung zusammenruft, stellt einer von uns beiden immer die Frage: Wer kocht für wen?"
„Meistens er für mich", sagt sie, „und dann fahre ich zu ihm. Und das ist gut so."
„Warum?", frage ich. „Kochst du nicht gern oder nicht gut?"
„Ich koch sogar sehr gern."

Manfred Hausgnost ist's zu verdanken, dass Guntersdorf unweit von Retz kein kulinarisches Ödland ist.

„Und sie kocht unglaublich gut. Unlängst erst, nach 17 Jahren Zweisamkeit, hat sie mir verraten, dass sie in Klagenfurt die Kochabteilung der Frauenoberschule besucht hat."
„Stimmt, ich bin quasi eine ausg'lernte Köchin, aber man muss ja nicht alles gleich verraten. Sonst hätt ich nämlich möglicherweise viel öfter kochen müssen und in weiterer Folge irgendwann die Freud dran verloren."
„Und wie wird gegessen, nachdem man sich gegenseitig bekocht hat?"
„Es wird getafelt. Jedes Essen wird dramatisiert und inszeniert. Der Tisch wird feierlich gedeckt, das alte Silberbesteck hervorgekramt und Kerzen brennen ebenfalls."
„Und wenn wir bei ihr im Renaissancegemäuer sind, dann glaubt man sich bei den Aristokraten. Dabei kommt sie aus einer Lurchsiedlung in Klagenfurt."
„Und wer kocht was?"
„Ich bin von meinem italienischen Vater beeinflusst", erzählt Turrini. „Dem versuchte meine Mutter zwar über Jahre Erdäpfel in jeglicher Form unterzujubeln, aber es ist ihr nicht gelungen, denn er wollte in erster Linie Pasta. Oder Gemüse. Irgendwann hat sie resigniert und nach seinen Angaben gekocht, und ich als Bub hab gut aufgepasst und mir sehr viel gemerkt. Und Rindfleisch

koche ich in jeder Form, weil ich Rindfleisch liebe. Fisch, Huhn und Wild, das ist alles nichts für mich."
„Dass er so viele Dinge nicht mag, erleichtert es mir natürlich ungemein. So kann ich ihm vor allem mit Fleischlaberl mit Erdäpfelpüree eine ungeheure Freude machen."
„Wie sieht's denn mit Kritik aus?", frage ich.
„Wenn er zuerst sagt, dass er mich liebt, nehme ich es mit einem einigermaßen hohen Humorfaktor hin, wenn ihm das Püree nicht schmeckt. Außerdem merkt man ja ohnehin selber, wenn was schiefgegangen ist."
„Wenn man sich liebt", sagt er, „ist Kritik, positive wie negative, das Schönste, was man sich geben kann".
„Wir treffen einander ja auch nicht nur, um uns gegenseitig zu bekochen, wir treffen uns vor allem auch dann, wenn wir uns gerade Geschriebenes gegenseitig vorlesen. Szenen, Texte, Passagen. Er ist mein erster Kritiker, ich bin seine erste Kritikerin. Könnte man nicht damit umgehen, wenn es Einwände gäbe, sollte man das Zusammensein gleich bleiben lassen. Nicht anders verhält es sich mit dem Kochen."

„Noch Wünsche?", fragt die Kellnerin.
„Palatschinken hätt ich gern", sagt

Turrini. „Und noch ein Achterl."
„Gutes Stichwort", sage ich. „Wie trinkt es sich denn hier im Weinviertel?"
„Gut trinkt es sich", sagt Hassler. „Und viel." Und dann schaut sie der Kellnerin nach. „Das mögen wir hier übrigens auch sehr, diese reschen, feschen Mädeln. Hier gibt's nicht nur was auf dem Teller, hier gibt's auch was im Ausschnitt."

Turrini lächelt.
„Wir waren beim Wein ...", sage ich.
„Genau", sagt Hassler. „Also. Als ich vor zehn Jahren endgültig von Wien hierher aufs Land gezogen bin, musste ich nicht nur ein paar schwere Räusche liefern, ich musste sie auch überleben. Aber das habe ich, also war ich integriert. Ein wesentliches Merkmal ist auch, wie die Leute mit dir umgehen. Im Weinkeller sind sie alle per du, und wenn sie das am nächsten Tag immer noch sind, dann hast du es geschafft."
„Ich", sagt Turrini, „war ja mehr der Biertrinker früher, aber das hat sich rasch geändert hier. Hat sich ändern müssen. Und mir war auch sehr bald klar, dass in Kleinriedenthal und Umgebung der Leberschaden unvermeidlich ist, wenn man gut sein möchte mit den Leuten."
Gut ist er mit allen. Lange schon. Mit den Arbeitern, mit den Weinbauern. Und zwar so gut, dass sie nicht nur dicht hielten vor bald 20 Jahren, als der Dichter seinen ob der *Satanischen Verse* vom Tode bedrohten Kollegen Salman Rushdie über Wochen bei sich versteckt hatte, sie öffneten den beiden auch die Türen zu ihren Kellern. „Der Rushdie und ich haben große Räusche geliefert damals."
Aber das ist eine andere Geschichte.

„Ein Schnapserl hätte ich noch gern und dann werden wir uns auf den

Heimweg machen. Ich bin nämlich“, sagt Turrini, „kein großer Sitzenbleiber mehr“.
Ich schaue ein bisserl ungläubig.
„Ja, wirklich. Leider. Seit ich nicht mehr rauche. Seit ich nach meinem Autounfall vom Arzt aus nicht mehr rauchen darf, weil die Lunge damals in Mitleidenschaft gezogen wurde. Darum bitte ich die Silke nach einer langen gemeinsamen kulinarisch-erotisch-literarischen Nacht beim Frühstück auch immer, eine nach der anderen zu rauchen, damit ich mich durch heftiges Einatmen ein bisserl an die alten Zeiten erinnern kann.“

15 Kilometer sind’s für sie bis Retz, weitere sechs für ihn bis Kleinriedenthal. Aber sie sind nur mit einem Wagen da, insofern liege ich vermutlich nicht so falsch, wenn ich annehme, dass er sie am Morgen nach diesem Abend um heftiges Rauchen bitten wird.

Der Stand hat zu, und das ist Wurst

Mit dem Komponisten, Musiker und Sänger **Roland Neuwirth** im Gasthaus **„Zur Eisernen Zeit"**

Es ist saukalt und es schneit und es bläst. Also dick einpacken, denke ich mir, denn Rudi und ich treffen Roland Neuwirth nicht im wohlig warmen Wirtshaus, wir treffen Roland Neuwirth am winterlich unwirtlich windigen Würstelstand.
„Weil, wenn ich es mir so recht überleg, der Würstelstand in Wahrheit mein Lieblingswirtshaus ist", so seine Worte einige Tage zuvor, als ich dem begnadeten Komponisten und Musiker und Texter und Wienerliedsänger spät in der Nacht in der *Roten Bar* im Volkstheater nach einem Privatkonzert von Konstantin Wecker gegenüber sitze und die Chance nütze, ihm das Mitmachen an diesem Buch schmackhaft zu machen.
„Würstelstand finde ich durchaus originell", sage ich. „Wäre vor allem ein schönes abschließendes Kapitel. Und welchen nehmen wir?"
„Den auf dem Schwarzenbergplatz", sagt Neuwirth. „Ecke Lothringerstraße. Der g'hört einem Wienerliedsänger."

Es ist saukalt und es schneit und es bläst. Und der Würstelstand hat zu.

Dumm gelaufen, murmle ich vor mich hin, als ich mich unserem Objekt der kulinarischen Begierde den eisigen Böen trotzend schlitternden Schrittes nähere. Im Nachhinein betrachtet aber eine durchaus glückliche Fügung.
Roland und Rudi sind schon vor Ort.
„So ein Schas", grummelt Neuwirth und kratzt sich am grauen Bart, als wir nun zu dritt vor der verschlossenen Durchreiche stehen und feststellen, dass es saukalt ist, schneit und bläst und wir nun doch keine nachweihnachtlichen Käsekrainer, „Haße" oder schlichte Frankfurter tafeln werden. Und auch keine Perlzwieberln und keine Pfefferoni und kein Scherzerl.
„Gibt es nicht zufällig noch einen, der zufällig auch einem Wienerliedsänger gehört?", frage ich.
„Nicht dass ich wissert", sagt Neuwirth. „Aber was haltst von der *Eisernen Zeit?*"
„Eine Glanzidee", jubiliere ich und spüre Wärme aufsteigen in mir, denn insgeheim hatte ich bei jedem meiner prominenten „Lokalführer" gehofft, einer von ihnen würde das älteste Gasthaus auf dem trotz mancher Fragwürdigkeiten immer noch wunderbaren Naschmarkt als sein bevorzugtes Beisl vorschlagen. Nur hat es keiner getan. Bis jetzt. Und auch jetzt nur aufgrund widriger, respektive feiertagsbedingter Umstände.
Und dann spazieren wir los, die Krägen hochgestellt.

Der Würstlstand hatte zu. Aber egal, denn das Gulasch in der Eisernen Zeit ist mehr als nur ein Notprogramm.

„Die *Eiserne* ist aber weit mehr als eine Notlösung“, sagt Neuwirth vor deren Eingang und klopft den Schnee von seinem Hut.
Und dann gehen wir rein. Und Neuwirths Hut bleibt auf dem Kopf.
Quasi Markenzeichen.

Rauchschwaden hängen in der stehenden Luft, nasse Mäntel dampfen auf Haken und tropfen von Sessellehnen, Stimmengewirr erfüllt den kleinen Raum, Gläser klirren, Teller klappern, der Boden knarzt, die Kellnerin trägt sehr viel Oberweite und nahe der Schank ist ein Tisch frei.
„Man kann ja nicht nur Pech haben“, sagt Rudi und widmet sich, als wir sitzen, seinem beschlagenen Objektiv. Ich für meinen Teil beschließe, das Diktiergerät ob des vorherrschenden Geräuschpegels von Vornherein in der Jacke zu lassen und Neuwirth fischt seine Tabaksdose und das Wuzelpapier aus der Tasche.
„Gulasch?“, frage ich.
„Was sonst?“, fragt Neuwirth.
„Ein kleines“, sagt Rudi.

Mit Roland Neuwirth im Gasthaus „Zur Eisernen Zeit“

Fürs Gulasch ist sie berühmt, die *Eiserne Zeit,* und das seit Jahrzehnten. Und seit Jahrzehnten zu Recht. Und dafür, dass hier jeder sitzt und isst und trinkt und sich geborgen fühlt. Stadtrat und Stadtstreicher, Dame und Dirne, Priester und Prolet, Haubenkoch und Hungerleider. Und Musiker.
„Das wär ein Wahnsinn gewesen, wenn sie den Naschmarkt wirklich geschleift hätten, damals in den 1970ern", schüttelt Neuwirth den Kopf und erzählt von einem Protestkonzert, das er seinerzeit gemeinsam mit der Jazz-Gitti veranstaltet hat. „Viele haben damals ihre Stimmen erhoben, zum Glück. Und wenn es auch nicht diese Stimmen waren, die den Naschmarkt gerettet haben, wir haben zumindest für ihn gekämpft. Insofern bin ich dem Naschmarkt unendlich verbunden und insofern ist die *Eiserne Zeit* auch keine Notlösung für dein Buch. Hier geh ich nämlich wirklich gern her."

Das Gasthaus *Zur Eisernen Zeit* besteht seit 1916 und verdankt seinen Namen der Tatsache, dass hier während des Ersten Weltkriegs Gold gegen Eisen für die damals benötigten Kanonen eingetauscht werden sollte. Und seither scheint, einem zweiten Weltkrieg zum Trotz, die Zeit tatsächlich stehen geblieben zu sein. Oder anders formuliert: Sie nagt zwar eisern an diesem Lokal, die Zeit, aber sie frisst es nicht auf. Acht Holztische formieren sich quasi seit ewig im Halbkreis vor der dunkel getäfelten Schank, und kaum ein Sessel gleicht dem anderen. Man könnte meinen, sie wären Stück für Stück und Unikat für Unikat auf dem an jedem Samstag an den Naschmarkt angrenzenden Flohmarkt zusammengetragen worden. Geht man aufs Häusl, und diesen Ausdruck wähle ich an dieser Stelle ganz bewusst, kann es passieren, dass man über eine leere Wein- oder Bierkiste stolpert, und wenn man sich zu später Stunde nach Hause oder sonst wohin verpflanzen will, dann gelingt einem das oft nicht nur deswegen nicht, weil man gewaltig abgefüllt ist, sondern weil der Boden so pickt.
Mag sein, dass es Menschen gibt, die dieses Lokal deswegen grindig finden. Die, die es lieben, nennen den Grind wohlwollend Patina. Oder er ist ihnen, auf gut Wienerisch, schlicht und einfach blunzn. Und das sollte er einem, und das ist meine ganz persönliche Meinung, auch sein.

„Wir sollten ein bisserl über den kulinarischen Menschen Neuwirth reden", sage ich zwischen zwei Bissen vom Gulasch, dem Neuwirth das Prädikat „Weltspitze" verleiht.
„Da gibt's nicht viel zu sagen", sagt er. „Ich setze mich bewusst von all den Gourmets und all den vielen selbsternannten Feinschmeckern ab, die meinen, jeder Tag wäre ein Fest. Das ist nicht meines, das liegt mir nicht. Auch der Magen hat ja einen Charakter. Genauso wie die Preise geschmacksbestimmend sind. Ist das Essen zu teuer, schmeckt's mir nicht. Und mein Magen tickt richtig, mein Magen knurrt normal, mein Magen braucht nicht täglich den kulinarischen Orgasmus."
Und dann dreht sich Neuwirth einen Verdauungstschik – „nur wer wuzeln kann, sollt auch rauchen dürfen" –

und lässt den Blick schweifen durch das benebelte Etablissement. „Wenn sie irgendwann das totale Rauchverbot durchsetzen, dann geh ich endgültig nicht mehr in Lokale!"
„Gehst viel fort?", frage ich den Leiter der *Extremschrammeln,* dessen legendäre Formation nun schon seit über 35 Jahren besteht, und schäme mich gleichzeitig für meine maschinell gefertigte Marlboro.
„Nein, wer dauernd komponieren muss, hat dazu wenig Zeit. Ich bleib lieber zu Hause. Dort bin ich wenigstens der abscheulichen Hintergrundmusik nicht ausgesetzt, mit der sie einen in den Beisln ständig quälen.
„Und wer kocht zu Hause?"
„Häufig ich", sagt der verheiratete Vater dreier erwachsener Kinder. „Ich nehme die Bezeichnung ‚Ernährer' sozusagen wörtlich."
Und dann erzählt er von der Zimmer-Küche-Kabinett-Wohnung in Floridsdorf und von der Mutter, die nicht gern, aber gut kochte, und von der Oma, die es umso lieber tat, und von der er den Zugang zum Kochen geerbt hat. „Noch heute schmecke ich den Majoran in ihrem Erdäpfelsalat und in den Fleischlaberln."
Weit weniger gern als an die Fleischlaberl von der Oma erinnert sich Neuwirth an die Zeit im Kindergarten, als ihm die Liebe zum Essen zwischenzeitlich von Erbsenpüree und erkalteter Dillsauce vergällt wurde, „auf der sich immer so ein grauslicher Film gebildet hat und die wir trotzdem runterwürgen mussten".
Und noch schlimmer waren die Besuche auf dem Markt, wo der damals noch sehr kleine, 1950 geborene Roland mit ansehen musste, wie Hühnern vor seinen Augen der Kopf abgeschlagen worden war, und die dann trotzdem noch in der Gegend herumliefen, wenngleich nicht mehr unbedingt wie die viel zitierten aufgescheuchten.
„Eine Abscheulichkeit, die mir noch heute in den Knochen steckt", sagt Neuwirth. „Hendln kommen mir nicht auf den Teller."
Und dann zahlen wir.

Kalt ist es zwar immer noch, aber zu schneien hat es aufgehört und der Wind sich verblasen. Und dunkel ist's, obwohl noch immer nicht Abend. Winter eben.
„Ein Pfiat-di-Gott-Achtel als Absacker beim *Urbanek?",* fragt Neuwirth.
Rudi und ich grinsen. „Mit dem allergrößten Vergnügen", sage ich.
Und während wir von der *Eisernen Zeit,* gelegen an der linken, in Richtung *Urbanek,* gelegen an der rechten Wienzeile, spazieren, erzähle ich Neuwirth von Rudis und meinem Bezug zu diesem wunderbaren kleinen Spezialitätenladen auf dem Naschmarkt, bei dem es sich so herrlich versumpern lässt.

Aber das ist eine andere Geschichte. Respektive ein anderes Buch. Erschienen unter dem Titel *Auf dem Naschmarkt* ebenso wie das vorliegende im Pichler Verlag. Und auch vom Rudi und von mir.
„Das werd ich kaufen", sagt Neuwirth.
„Das werd ich dir schenken", sage ich.
Und dann nimmt uns der Gerhard Urbanek in Empfang und der späte Nachmittag mündet in einen frühen Abend und der frühe Abend in einen etwas späteren.

Und so endet der Besuch der Eisernen Zeit auf dem Naschmarkt, wie er quasi enden muss: beim (Werner) Urbanek …

Daten & Fakten

BLAUENSTEINER – ZUR STADT PARIS

Lenaugasse 1, 1080 Wien
+43 1 405 14 67
Ruhetage: Sa, So, Feiertag
Öffnungszeiten: 11 bis 23 Uhr

GRÜNAUER

Hermanngasse 32, 1070 Wien
+43 1 526 14 19
Ruhetage: Sa, So, Feiertag
Öffnungszeiten: 18 bis 22.30 Uhr

MAGDALENENHOF

Senderstraße 355, 1210 Wien
+43 1 292 35 19
Ruhetage: Mo, Di, Mi
Öffnungszeiten: 12 bis 22 Uhr
www.reinhard-gerer.at

GMOA KELLER

Am Heumarkt 25, 1030 Wien
+43 1 712 53 10
Ruhetage: So, Feiertag
Öffnungszeiten: 11 bis 24 Uhr
www.gmoakeller.at

REZNICEK

Reznicekgasse 10, 1090 Wien
+43 1 586 62 06
Ruhetag: So
Öffnungszeiten: Mo bis Fr 11.30 bis 15 und 18 bis 23.30 Uhr, So 11.30 bis 17 Uhr

PFARRWIRT

Pfarrplatz 5, 1190 Wien
+43 1 370 73 73
Ruhetag: Mo
Öffnungszeiten: 12 bis 24 Uhr
www.pfarrwirt.com

WEIBELS WIRTSHAUS

Kumpfgasse 2, 1010 Wien
+43 1 512 39 86
Ruhetage: keine
Öffnungszeiten: 11.30 bis 24 Uhr
www.weibel.at

GASTWIRTSCHAFT HUTH

Schellinggasse 5/3, 1010 Wien
+43 1 513 56 44
Ruhetage: keine
Öffnungszeiten: 11.30 bis 24 Uhr
www.zum-huth.at

SEIDL

Ungargasse 63, 1030 Wien
+43 1 713 17 81
Ruhetage: Sa, So
Öffnungszeiten: 10 bis 23 Uhr

WINKLERS ZUM POSTHORN

Posthorngasse 6, 1030 Wien
+43 1 941 39 24
Ruhetage: Sa, So, Feiertag
Öffnungszeiten: 17 bis 24 Uhr
www.winklers-zumposthorn.at

ZU DEN DREI HACKEN

Singerstraße 28, 1010 Wien
+43 1 512 58 95
Ruhetage: So (außer Nov. u. Dez.) u. Feiertag
Öffnungszeiten: 11.30 bis 23 Uhr
www.vinum-wien.at

ZUM OBERMÜLLER

Hervicusg 25, 1120 Wien
+43 1 804 65 77
Ruhetage: Sa, So
Öffnungszeiten: 9 bis 19 Uhr
(warme Küche bis 15.30 Uhr)

FROMME HELENE

Josefstädterstraße 15/Lange Gasse 33,
1080 Wien
+43 1 406 91 44
Ruhetage: keine
Öffnungszeiten: 11 bis 24 Uhr
(warme Küche bis 23 Uhr)
www.frommehelene.at

GASTHOF RENNER

Nussdorferplatz 4, 1190 Wien
+43 1 378 58 58
Ruhetag: So
Öffnungszeiten: 9 bis 22 Uhr
www.zum-renner.at

STADTGASTHAUS EISVOGEL

Riesenradplatz 5, 1022 Wien
+43 1 908 11 87
Ruhetage: keine
Öffnungszeiten: 11.30 bis 24 Uhr
(warme Küche: März bis Sept.
11.30 bis 22.30 Uhr,
Okt. bis Feb. 11.30 bis 15 Uhr
und 18 bis 22.30 Uhr)
www.stadtgasthaus-eisvogel.at

BUCHINGERS ZUR ALTEN SCHULE

2122 Riedenthal ob Wolkersdorf
+43 2245 82 500
Ruhetage: Mo, Di, Mi
Öffnungszeiten: 11 bis 23 Uhr
(warme Küche: 11.30 bis 14.30 Uhr
und 17.30 bis 22 Uhr)
www.buchingers.at

REINTHALERS BEISL

Dorotheergasse 4, 1010 Wien
+43 1 513 12 49
Ruhetage: keine
Öffnungszeiten: 11 bis 23 Uhr
(warme Küche: 11 bis 22.30 Uhr)

RUDIS BEISL

Wiedner Hauptstraße 88, 1050 Wien
+43 1 544 51 02
Ruhetage: Sa, So
Öffnungszeiten: 11 bis 15 Uhr
und 18 bis 23 Uhr
(warme Küche: 11.30 bis 14.30 Uhr
und 18 bis 22 Uhr)

SCHREINERS GASTWIRTSCHAFT

Westbahnstraße 42, 1070 Wien
+43 1 990 37 83 oder
+43 664 351 02 09
Ruhetage: Sa, So
Öffnungszeiten: 17 bis 24 Uhr
www.schreiners.cc

IMMERVOLL

Weihburggasse 17, 1010 Wien
+43 1 513 52 88
Ruhetage: keine
Öffnungszeiten: 11 bis 24 Uhr

Leider wurde bei Drucklegung das „Immervoll“ bis auf Widerruf geschlossen. Das Haus ist einsturzgefährdet und musste zur Gänze geräumt werden.

WIRTSHAUS STEIRERSTÖCKL

Pötzleinsdorferstraße 127, 1180 Wien
+43 1 440 49 43
Ruhetage: Mo, Di
Öffnungszeiten: 11.30 bis 22 Uhr
www.steirerstoeckl.at

GASTHAUS ZUR DANKBARKEIT

Hauptstraße 39, 7141 Podersdorf
+43 2177 22 23
Ruhetage: Jän. bis März Mo bis Do, April bis Nov. Mi, Do
Öffnungszeiten:
Jän bis März am Fr 11.30 bis 14 Uhr und 17.30 bis 21 Uhr, Sa, So und Feiertag 11.30 bis 21; April bis Nov. Mo, Di und Fr 11.30 bis 14 und 17.30 bis 21 Uhr, Sa, So und Feiertag 11.30 bis 21 Uhr
www.dankbarkeit.at

SODOMAS GASTHAUS ZUR SONNE

Bahnhofstraße 48, 3430 Tulln
+43 2272 646 16
Ruhetage: So, Mo
Öffnungszeiten: 11.30 bis 14 und 18 bis 21.30 Uhr

STADTWIRT

Untere Viaduktgasse 45, 1030 Wien
+43 1 713 38 28
Ruhetage: keine
Öffnungszeiten:
Mo bis Fr 10 bis 24, Sa 16 bis 1, So und Feiertag 11 bis 16 Uhr (warme Küche: Mo bis Fr 10 bis 23, Sa 16 bis 23 Uhr, So und Feiertag 11 bis 15 Uhr)
www.stadtwirt.at

GELBMANNS GASTSTUBE

Wilhelminenstraße 62, 1160 Wien
+43 1 486 15 99
Ruhetage: So, Mo
Öffnungszeiten: 10 bis 23 Uhr
www.gelbmanns.at

LIEBSTÖCKL & CO

Sandgasse 12, 1190 Wien
+43 1 328 83 10
Ruhetage: keine
Öffnungszeiten: 11 bis 23 Uhr (warme Küche: 11 bis 22 Uhr)
www.liebstoecklco.at

GASTHAUS AN DER KREUZUNG

Oberort 110, 2042 Guntersdorf
+43 2951 22 29
Ruhetage: Mi, Do
Öffnungszeiten: 10.30 bis 23 Uhr (warme Küche: 11 bis 22 Uhr)
www.hausgnost.at

ZUR EISERNEN ZEIT

Naschmarkt 313–316, 1040 Wien
+43 1 587 03 31
Ruhetage: So und Feiertag
Öffnungszeiten: 8 bis 23 Uhr (warme Küche: 8 bis 21 Uhr)

Begegnung mit dem Wiener Feinschmecker-Paradies

Eine Momentaufnahme, ein Stimmungs- und auch Sittenbild, gleichzeitig aber auch ein Führer und Wegweiser, ein reich bebildertes Buch für Naschmarktkenner und -liebhaber.

Achim Schneyder
AUF DEM NASCHMARKT
Notizen eines Spaziergängers
Mit Fotos von Rudolf Semotan

216 Seiten
ISBN 978-3-85431-480-6 · € 24,95

PICHLER VERLAG

Mit Peter Simonischek auf Genussreise im Steirischen Weinland

Ein Buch, das Lust und Appetit auf die Region macht und den Leser eintauchen lässt in die Geschichte und in die Gegenwart des Steirischen Weinlandes.

Peter Simonischek · Achim Schneyder
DEM GENUSS AUF DER SPUR
Kulinarische Streifzüge im Steirischen Weinland

Mit Fotos von Kurt-Michael Westermann
204 Seiten
ISBN 978-3-222-13236-0 · € 24,95

STYRIA VERLAG

Reisen in den österreichischen Süden – ein genussreiches Abenteuer

Kein Kärntenführer, sondern ein literarisch-kulinarischer Reisebericht im weitesten Sinn, der Appetit macht auf Österreichs südlichstes Bundesland.

Achim Schneyder
KÄRNTEN
Küche & Kultur
Mit Fotos von Rudolf Semotan

216 Seiten
ISBN 978-3-85378-646-8 · € 24,95

CARINTHIA VERLAG

Buchingers
Gasthaus
Zur alten Schule